テンプレ英語

ネイティブが使う英文パターン98

塚本 亮

徳間書店

はじめに

みなさん、英語は好きですか?

英語が好きだったり、英語ができるようになったらいいなと思っていたりする人はたくさんいます。しかし、同時に英語って難しいなぁと感じている人も少なくないのではないでしょうか。

あなたもそんな一人かもしれませんね。

今回私は英語の読解本を出版しました。みなさんが今まさに手にとっているこの本ですね。

英語って実はシンプルなんです。世界中で約17億人が英語を話すと言われていますし、企業や団体で公用語になっているところも少なくありません。

それだけ世界中に普及しているということは、きちんとした学習をすれば比較的容易に身につけられるものだということなのですね。そんな簡単なもんじゃないよという声が聞こえてきそうですが、もしかしたらそれは学校などで難解な英文法や単語を勉強しすぎたせいかもしれません。

この本では「英語を読む」ということに焦点を当てましたが、実は英語の本質を理解するための一冊に仕上げています。この本をしっかりとこなせば読解力を高めることができるでしょう。しかしそれ以上に、英語の文

がシンプルなルールで成り立っていることを理解できることでしょう。

　国語の授業では主語と述語について学びましたよね。文の骨子は主語と述語でできています。そこがわかれば文の意味をだいたい把握することができます。それ以外の多くは修飾語、つまり飾りだからです。飾りがいっぱいついているんです。長い文というのはそれだけたくさんの飾りがついているということ。

　英語も同じです。主語が英文の顔で、述語動詞が英文の心臓で、それ以外の多くは飾りなんですね。飾りに惑わされて英語を難しく感じてしまうのかもしれません。

　だから本書では英語をパズルのように分解する練習をします。それによって英文がどのように成り立っているのかを見抜くことがとても上手くなります。結果的に英文法を理解し、身につけることができます。文を組み立てるルールが文法ですからね。

　ぜひ英文のパズルを楽しみましょう。英語への感じ方がどんどん変わっていくことでしょう。

2024年4月　塚本　亮

Level 1 まずはシンプルな英文を正しく捉えよう！

Level 2 進化する動詞を見抜こう！

Level 3 並列構造の文もパターンで大丈夫！

Level 4 長い副詞の働きを攻略しよう

Level 5 長い形容詞の働きを攻略しよう

Level 6 長い名詞の働きを攻略しよう

Level 7 イレギュラーな英文も本当はシンプル

Level

1

まずは
シンプルな英文を
正しく捉えよう！

ここでは短くてとてもシンプルな英文を見ていきます。文の核は「主語」+「動詞」です。文の心臓である動詞にはタイプがあって、それによって文の構造が変わります。

英語の5文型って習ったことがあると思いますが、あれって要は動詞のタイプによって文を構成する最小単位（絶対必要な要素）が決まりますよ、ということだったんですね。

①SV＝主語と動詞のみで構成される文型です。
例えば、I'm walking.（私は歩いています）

②SVC＝主語 − 動詞 − 補語の順で単語が並ぶ文型です。補語は主語に関する情報を補足する役割を果たします。
例えば、Atsushi is a chef.（篤はシェフです）
Atsushi ＝ a chef の関係が成り立ちます。

③SVO＝主語 − 動詞 − 目的語の順で単語が並ぶ文型です。
例えば、I love you.（私はあなたを愛しています）

④SVOO＝主語 − 動詞 − 目的語1 − 目的語2の順で単語が並ぶ文型です。
例えば、She gave me a book.（彼女は私に本をくれました）

⑤SVOC＝主語 − 動詞 − 目的語 − 補語の順で単語が並ぶ文型です。
例えば、She makes us happy.（彼女は私たちを幸せにしてくれる）

まずは正確にこれらを理解できるようにしましょう。

シンプル英文の場合

The sun rises in the east.

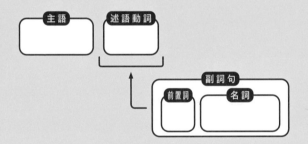

文を3つの要素に分解して、
それぞれがどのように作用しているかを考えよう。

句＝語句のかたまり（主語や動詞を含まない）

解答

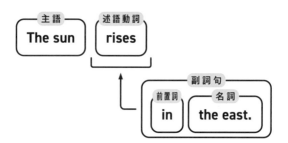

訳 太陽は東に昇る。

● 述語動詞は？

この文においての動詞は 1 つです。rises ですね。昇るという意味。rises は現在形の動詞なので、この文の内容が普遍的であるということを示しています。

● 主語は？

じゃあその動詞の主語は何か。sun ですね。sun には the がくっついています。この the は定冠詞と言います。ここでは「名詞とくっついて意味を成す」程度の理解で大丈夫です。

この文は主語・述語動詞だけで意味が成立しますね。「太陽は昇る」。
では、残りはどんな機能を果たすのでしょうか？

まず、in the east で 1 つの意味のかたまりを形成しています。
in は前置詞。名詞の前に置くものだから前置詞という名前ですが、前置詞＋名詞のかたまりで、場所、時間、方向、原因などを示します。

ここでは、後に続く the east と共に方向を示しています。

in the east という副詞句全体が、rises という動詞を修飾していて、「どこから昇るのか」、情報を加えているのですね。

問題
02

シンプル英文の場合

Tomoki runs very fast.

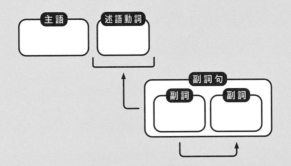

文を3つの要素に分解して、
それぞれがどのように作用しているかを考えよう。

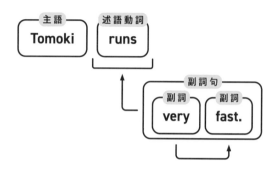

訳 トモキは非常に速く走る。

● 述語動詞は？

この文において動詞は1つです。この文はシンプルなのでわかりやすいかと思いますが、文の核となる述語動詞は runs。時制は現在形を使っています。ということは、普遍的なこと。つまり、この文全体の「トモキは走る」ということが一時的なことではなくいつものことだよ、ということを伝えています。

● 主語は？

その行動の主語は Tomoki ですね。

● 残りの要素はどのように働いている？

very は副詞です。副詞は動詞や形容詞や他の副詞を強調する役割を持ちます。この文では、fast という副詞を強調しています。very によって、「非常に速く」という意味が強化されています。

そして、fast は動詞を修飾し、どのようにかを示します。ここでは、runs という動詞を修飾し、「速く」という飾りを付け加えています。

この文全体は「トモキは非常に速く走る」という意味になります。Tomoki が行動をし、runs がその行動を示し、very fast がその行動の様子を具体的に説明しています。

シンプル英文の場合

The man in the blue shirt is my brother.

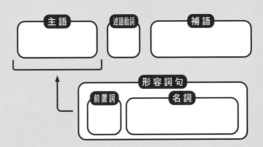

文を4つの要素に分解して、
それぞれがどのように作用しているかを考えよう。

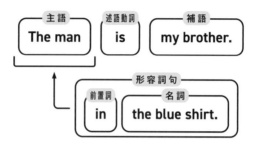

訳 青いシャツを着た男は私の兄です。

● 述語動詞は？

パッと見て is しかないなと気づきますね。

is は、英語の基本動詞 be です。

be動詞というのは後ろに補語を置いて、主語を修飾する機能を持っています。

例えば、She is a teacher.（彼女は先生です）という文では、is の後ろの a teacher が She についての情報を提供していますよね。

ここでは She = a teacher となります。つまり be 動詞はイコールの関係を作る動詞です。

● 主語は？

The man ですね。意味は「その男」です。

● 補語は？

my brother です。意味は「私の兄」です。

ここまでで The man is my brother、「その男は私の兄です」で、文は完成しています。

● それ以外の要素は？

in the blue shirt が前置詞句を形成していますね。「青いシャツに入っている」、つまり「青いシャツを着ている」という意味で、直前の The man を修飾しています。

The man という名詞を修飾するので、in the blue shirt はかたまりで形容詞の働きをしています。

シンプル英文の場合

Toshi ate a delicious homemade apple pie.

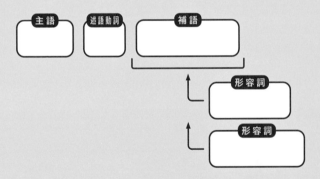

文を 5 つの要素に分解して、
それぞれがどのように作用しているかを考えよう。

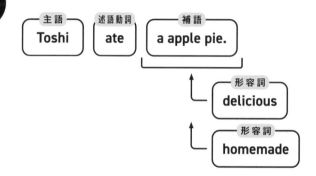

訳 トシは非常においしいホームメイドのアップルパイを食べた。

● 述語動詞は？

この文においても動詞のような単語は ate だけなので、この文の核となる述語動詞だと判断していいでしょう。ate は動詞で、eat の過去形です。「食べた」という過去の行動を示しています。

● 主語は？

Toshi ですね。ate という行動を起こしたのは Toshi です。

● ate の目的語は？

eat（ここでは過去形の ate）には、その行動の対象、目的語が必要になります。

何を食べたのか？　apple pie です。

それ以外の要素が apple pie を修飾して、いろいろな情報を付け加えています。

delicious は形容詞で、「おいしい」という意味です。この形容詞は名詞 apple pie を修飾しています。

homemade も形容詞で、「ホームメイドの」という意味です。これも apple pie を修飾しています。

シンプル英文の場合

The success made him rich.

主語	述語動詞	目的語	補語

文を4つの要素に分解して、
それぞれがどのように作用しているかを考えよう。

主語	述語動詞	目的語	補語
The success	made	him	rich.

訳 その成功が彼を金持ちにした。

● 述語動詞は？

この文で動詞っぽいものは success か made かと悩む人もいるかもしれませんが、success というのは名詞なので made がこの文の述語動詞。核です。

● 主語は？

The success です。success とは「成功」という意味の名詞。ここでは「その成功」という意味のかたまりになっています。

● makeという動詞はどう機能する？

ここで考えないといけないことは、make がどんな文を作るのか。
I made a cake.（私はケーキを作った）のように、後ろに目的語を取って完結する場合もあるのですが今回のように違う形もあります。

make は後ろに目的語と補語を取って、S（主語）＋ V（動詞）＋ O（目的語）＋ C（補語）という文を形成します。
この SVOC の文は、「S によって O＝C となる」という意味を作ります。

今回の文だと、The success（S）によって、him（O）＝rich（C）になったという意味になります。
成功によって彼は金持ちになった、ということです。そこに動詞の make の意味がちょっぴり加わる感じ。
「その成功が彼を金持ちにした（作った）」という風に捉えればバッチリ。

make の持つ働きを理解することが大切ですね。

シンプル英文の場合

Tomomi gave her friend a beautiful painting.

主語	述語動詞	目的語 1	目的語 2

形容詞

文を5つの要素に分解して、
それぞれがどのように作用しているかを考えよう。

主語	述語動詞	目的語1	目的語2
Tomomi	gave	her friend	a painting.

形容詞
beautiful

訳 ともみは友達に美しい絵をあげた。

● 述語動詞は？
この文もシンプルなので動詞は give の過去形である gave だとわかりますね。

● 主語は？
Tomomi です。

● giveという動詞はどのように働くか？
give という動詞は後ろに「誰に」「何を」を必要とします。

主語＋動詞＋目的語1（誰に）＋目的語2（何を）
と give は後ろに目的語を2つ取って完成します。

● 目的語1は？
her friend ですね。friend という名詞を her（彼女の）が修飾して、「彼女の友達」という意味を構成しています。

● 目的語2は？
a beautiful painting ですね。名詞は painting ですが、直前の beautiful がそれを修飾して「美しい絵」という意味のかたまりを作っています。
beautiful は名詞を修飾しているので、形容詞ですね。

さて、まとめると、Tomomi gave her friend（ともみは友達にあげました）。ツッコみたくなりますか？　なりますよね。「え、何を？」って。a beautiful painting ということで、「ともみは友達に美しい絵をあげた」で完成です。

シンプル英文の場合

She might have told you the whole story.

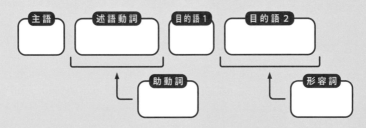

文を6つの要素に分解して、
それぞれがどのように作用しているかを考えよう。

訳 彼女があなたに全ての話を伝えたかもしれない。

● 述語動詞は？

might have told です。might は助動詞で可能性を示します。

have told で現在完了形のような形を作っていますが、助動詞＋have＋過去分詞で、過去のことを指しています。

told は tell の過去分詞形で、tell は通常目的語を 2 つ取ります。

tell＋目的語 1 ＋目的語 2 で「目的語 1 に目的語 2 を伝える」という意味を作ります。

● 主語は？

主語は She で、三人称単数の主格代名詞です。

● 目的語 1 は？

you です。

● 目的語 2 は？

the whole story です。

「彼女があなたに全ての話を伝えたかもしれない」という意味になります。

この文、She might have told you the whole story. では、主語が過去に話をしたかもしれないという可能性を表現しています。might have told は、過去の行為や状態に関する仮定や不確かさを示すために用いられる構造です。

シンプル英文の場合

At 8 o'clock tonight, they will be having dinner with friends.

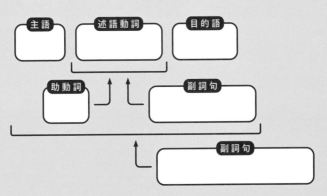

文を6つの要素に分解して、
それぞれがどのように作用しているかを考えよう。

句＝語句のかたまり（主語や動詞を含まない）

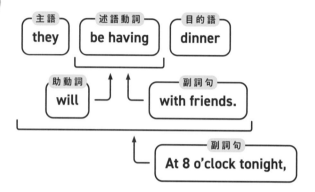

主語	述語動詞	目的語
they	be having	dinner

助動詞		副詞句
will		with friends.

副詞句
At 8 o'clock tonight,

訳 今夜８時に彼らは友達と夕食を食べるでしょう。

● 述語動詞は？

will be having ですね。will は未来時制を示す助動詞です。be 動詞＋動詞ing になっているので進行形です。

will be 動詞 ing で未来進行形を表すことができます。未来進行形は、未来の一点に行われていることを示します。

have は通常、目的語を取ります。

● 主語は？

主語は they です。

● 目的語＋その他の要素は？

目的語は dinner です。with friends は副詞句で、彼らが行っている活動（友達との夕食）について説明しています。

● 副詞句は？

At 8 o'clock tonight という副詞句（副詞の役割をする語句のかたまり）は、行動が起こる具体的な時刻を示しています。

この文では、未来進行形 will be having が使われており、they が At 8 o'clock tonight という時点で dinner with friends をしている状態を表現しています。未来進行形は、将来の特定の時点で進行中の活動や状態を示すために用いられます。

シンプル英文の場合

We have never seen such a beautiful sunset.

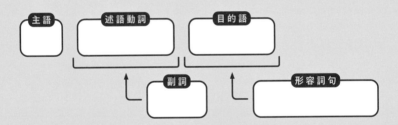

文を5つの要素に分解して、
それぞれがどのように作用しているかを考えよう。

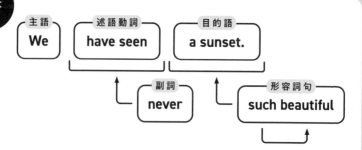

訳 私たちはこれほど美しい夕日を今まで見たことがありません。

● 述語動詞は？

have never seen ですね。

have は現在完了形を作るための助動詞です。

never は否定の副詞で、今まで一度もないことを表します。seen は動詞 see の過去分詞形です。

have never seen で「今まで見たことがない」という意味を作り出します。

see は通常目的語を取ります。

● 主語は？

We です。

● 目的語は？

such a beautiful sunset のかたまりですね。such はこの文脈で「これほど」「このように」という意味で使われ、後に続く名詞句 a beautiful sunset を強調しています。

この文では、現在完了形 We have never seen が使われており、話者たちが今までに such a beautiful sunset（とても美しい夕日）を見たことがないという経験を表現しています。

現在完了形は、過去のある時点から現在までの期間にわたる経験や行動を示すのに用いられます。

問題

10

シンプル英文の場合

They will have moved to a new house by next week.

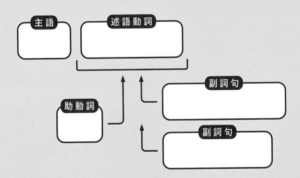

文を5つの要素に分解して、
それぞれがどのように作用しているかを考えよう。

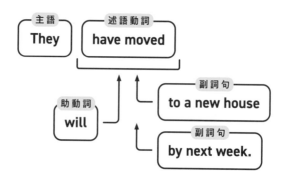

訳 彼らは来週までに新しい家に引っ越しているでしょう。

● 述語動詞は？

will have moved ですね。will は未来時制を示す助動詞です。
それに現在完了形の have moved が組み合わさっていて、未来完了形を作り出しています。
未来のある一点までにそれが完了しているという意味を加えます。move は「引っ越しをする」という意味を持っています。

● 主語は？

主語は They で三人称複数の代名詞です。

● それ以外は？

to a new house は前置詞 to と名詞句 a new house から成る前置詞句で、移動の目的地を示しています。動詞を修飾する副詞句です。

by next week も副詞句で、行動が完了する期限または時点を示します。

この文では、未来完了形 will have moved が使われていて、They が by next week（来週までに）という時点までに to a new house（新しい家へ）移動している状態を表現しています。未来完了形は、将来のある時点までに何かが完了していることを示すために用いられます。

問題
11

受動態の場合

The bridge was constructed over a decade by skilled engineers.

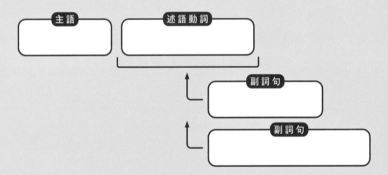

文を4つの要素に分解して、
それぞれがどのように作用しているかを考えよう。

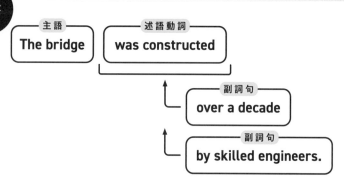

主語	述語動詞
The bridge	**was constructed**

副詞句
over a decade

副詞句
by skilled engineers.

訳 この橋は熟練した技術者によって10年以上かけて建設されました。

● 述語動詞は？

was constructed ですね。
was は助動詞で、constructed は過去分詞形です。これらが合体して受動態の動詞句を形成しています。

● 主語は？

The bridge です。この文での行為の受け手です。

● 副詞句は？

over a decade です。over a decade は「10年以上」という時間の長さを示す副詞句です。

● 修飾語は？

by skilled engineers です。
by はこの場合、行為の実行者を導入する前置詞です。skilled engineers は「熟練したエンジニア」という意味で、この文における行為の実行者を示しています。

問題
12

助動詞 + 受動態の場合

The rules must be followed by everyone.

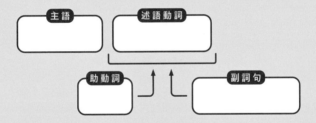

主語

述語動詞

助動詞

副詞句

文を4つの要素に分解して、
それぞれがどのように作用しているかを考えよう。

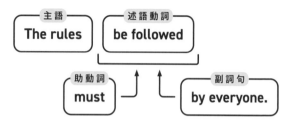

主語
The rules

述語動詞
be followed

助動詞
must

副詞句
by everyone.

訳 ルールはみんなで守らなければなりません。

● 述語動詞は？

be＋followed で受動態を作っていて、follow が「従う」という意味を持つので、受動態で「従われる」という意味を構成します。

動詞の直前に助動詞の must がくっついていて動詞に意味を加えています。must は「〜しなければならない」という義務を伝える言葉です。

must be followed を1つのかたまりとして見れば、「従われなければならない」ということになります。

● 主語は？

文頭にある The rules でいいですね。s がついているから複数あるのでしょう。

● 主語と動詞で完結する？

The rules must be followed で「ルールは従われなければならない」ということで文としてはこれだけでも成立しています。

● それ以外の要素は？

by everyone は前置詞の by＋名詞の everyone で、動詞の行動が誰によってのものなのかを表して「全ての人によって」という意味になっています。

● 受動態にする目的は？

主語というのは文の顔でしたね。ルールがどうあるべきかを強調したいから主語がルールになっていて、誰によってなのか（by everyone）は追加的情報なので、この文を発信者は何を強調したいのかがわかります。

助動詞＋受動態の場合

The report has to be submitted by tomorrow.

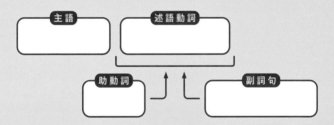

主語

述語動詞

助動詞

副詞句

文を4つの要素に分解して、
それぞれがどのように作用しているかを考えよう。

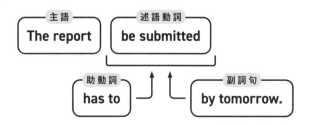

訳 レポートは明日までに提出しなければなりません。

● 述語動詞は？

have の三人称単数形の has がありますね。そこから submitted までがか たまりになっていますが、それ以外には動詞のようなものはないので述語 動詞だと判断できます。

have to ＝「しなければならない」という意味であったことは覚えていま すか。
それに be 動詞＋submit の過去分詞が合体していますね。だからこの述語 動詞のかたまりは「しなければならない＋提出される」から「提出されな ければならない」という意味になります。

● 主語は？

ここではこれもシンプルで文頭にある The report です。「そのレポート」 と考えればいいです。

● 主語＋述語動詞で完結する？

「そのレポートは提出されなければならない」で意味はわかります。という ことは他の要素は追加的なものだということになります。

● 残りの要素は？

by tomorrow は、前置詞 by ＋tomorrow という日時を表す名詞ですからこ れは期限を表す副詞句です。明日までにということになります。

問題
14

助動詞＋受動態の場合

The solution might have been found by the scientist.

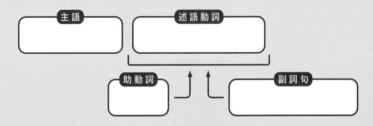

文を4つの要素に分解して、
それぞれがどのように作用しているかを考えよう。

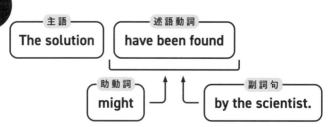

主語	述語動詞
The solution	have been found

助動詞	副詞句
might	by the scientist.

訳 解決策は科学者によって発見されたかもしれない。

● 述語動詞は？

動詞は、have been found でしょう。

have ＋過去分詞で現在完了形と be 動詞＋過去分詞が構成する受動態が合体している文です。

現在完了形＋find の受動態で「見つけられた」という行為を示しています。

have の直前には might という助動詞があって、might は可能性を示し、「〜かもしれない」という意味の不確実性です。

might ＋ have been found で「〜かもしれない」＋「見つけられた」となることから、「見つけられたかもしれない」ということになります。

● 主語は？

The solution はこの文の主語で、話題となっている「解決策」を指します。

● 主語と動詞で文は成立する？

成立します。「その解決策は見つけられたかもしれない」で OK です。

● それ以外の要素は？

by the scientist は、行為の実行者を示す副詞句です。ここでは、解決策が「科学者によって」見つけられたことを示しています。

● 受動態にする目的は？

主語というのは文の顔でしたね。解決策が見つかったのか見つかっていないのかを強調したいから主語が The solution になっていて、誰によってなのか（by the scientist）は追加的情報なので、この文で発信者は何を強調したいのかがわかります。

問題

15

進行形 + 受動態の場合

The flowers are being watered by the gardener.

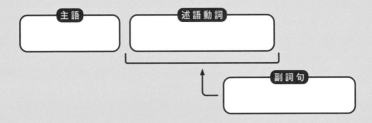

主語	述語動詞

副詞句

文を3つの要素に分解して、
それぞれがどのように作用しているかを考えよう。

主語
The flowers

述語動詞
are being watered

副詞句
by the gardener.

訳 庭師が花に水をやっている。

● 述語動詞は？

are being watered ですね。
be 動詞＋being＋過去分詞で「受動態の進行形」が作られます。
watered は動詞 water の過去分詞形で、行われている行動（花に水をやる）を示します。
be 動詞が are と現在形なので、are being watered で「水をやられている」という意味になります。

● 主語は？

主語は The flowers です。

● その他の要素は？

by the gardener は前置詞 by と名詞句 the gardener から成る副詞句で、行動を行っている人物（園芸師）を示しています。

この文では、The flowers が現在進行している行動（水をやられている）の受け手として表され、are being watered がその行動を示し、by the gardener が行動の実行者を明示しています。
受動態を使うのは、行動の受け手（花）に焦点を当てている時です。

問題

16

完了形 + 受動態の場合

The homework has just been finished by the students.

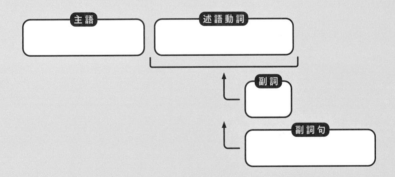

主語

述語動詞

副詞

副詞句

文を4つの要素に分解して、
それぞれがどのように作用しているかを考えよう。

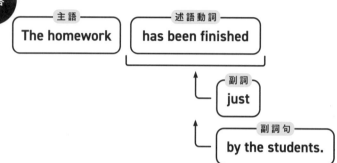

主語	述語動詞
The homework	has been finished

副詞
just

副詞句
by the students.

訳 宿題はちょうど終わったところだ。

● 述語動詞は？

動詞のようなものは finished しかないですから、述語動詞は finished でいいでしょう。ただ finished が受動態（〜される）になっています。
しかも、has been finished になっていることから、現在完了形が使われています。現在完了形の受動態です。

現在完了形が使われるということは、過去のある時点から始まった行動が現在までに完了したことを伝えたいのです。
has と been の間に just があるので、たった今という意味が加わり、過去のある時に始まった宿題がたった今完了したということを伝えています。

● 主語は？

The homework です。

● それ以外の要素は？

by the students は前置詞の by と the students がくっついてかたまりとして誰によってその動作が行われたのかということを示しています。

問題

17

未来完了形＋受動態の場合

The project will have been completed by the team by next month.

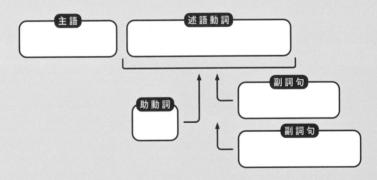

主語	述語動詞

助動詞	副詞句

	副詞句

文を5つの要素に分解して、
それぞれがどのように作用しているかを考えよう。

句＝語句のかたまり（主語や動詞を含まない）

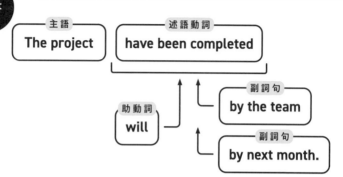

主語	述語動詞
The project	have been completed

助動詞
will

副詞句
by the team

副詞句
by next month.

訳 このプロジェクトは来月までにチームによって完了する予定だ。

● 述語動詞は？

この文全体を見渡しても動詞っぽいのは completed のあたりですね。ここ
では will have been completed で動詞のかたまりを作り出しています。
will have been completed というのは、will have 過去分詞（未来完了形）
と be 過去分詞（受動態）が合体したもの。

● 主語は？

The project ですね。

● それ以外の要素は？

by the team は、前置詞 by ＋名詞でその動作を誰がするのかを表していま
す。また、by next month は by ＋時を表す名詞のかたまりで期限を表して
います。

「チームによって」「来月までに」という意味で will have been completed
の動詞のかたまりを修飾しています。つまりそれぞれに副詞の役割をして
いるのです。

Level

2

進化する
動詞を見抜こう！

文の核となるのは動詞だということを学んでいただいたと思います。この章では、動詞が色んな品詞に進化するパターンを見ていこうと思います。

動詞のように見えるけど進化して名詞になっていたり、形容詞になっていたり、副詞になっていたりします。

日本語であれば例えば「歩く」という動詞を名詞に進化させると「歩く＋こと」となりますね。
私は歩くが好き、ではなく私は歩くことが好き、という風に使います。

英語では walk＋ing で「歩くこと」という動名詞を作ることができます。はい、動名詞です。

また、「歩いている女性」というのは、「歩いている」が「女性」に意味を加えて意味のかたまりを作っています。英語にすると a walking woman となります。この時の walk＋ing は形容詞に進化しています。名詞を修飾するのが形容詞だからです。このように動詞＋ing のカタチで形容詞の働きをすることもあります。これを分詞と言います。文法の世界では。

最後に「歩くために」のように「歩く＋ために」とすることで何かの行動の目的を表現することができますよね。英語だと to walk という風に前に to をつけることで同じ意味を作ることができます。これを不定詞と言うんですね。記憶にあるでしょう。

この章ではこれらの進化形動詞を見抜く方法をお伝えします。

動名詞の場合

Swimming has been my favorite hobby.

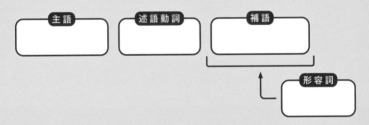

主語	述語動詞	補語

	形容詞

文を4つの要素に分解して、
それぞれがどのように作用しているかを考えよう。

訳 水泳は私の好きな趣味だ。

● 述語動詞は？

Swimming が動詞っぽく見えますが、その後ろの has been は be 動詞の現在完了形なのでこれも動詞の可能性があります。

swimming は swim ＋ ing の形になっていて現在進行形かな？と感じるかもしれませんが、現在進行形ならば、I am swimming. のように直前に be 動詞がないとダメです。

ここでの swimming は動詞ではなく、swim ＋ ing の形で動名詞を形成しています。動名詞というのは動詞が名詞化したもので、「～すること」という意味を作り出します。

swim ＋ ing である swimming は「泳ぐこと」という意味になります。

よって、ここでの述語動詞は be 動詞の現在完了形である has been です。過去から現在まで続く状態や行為を表します。

● 主語は？

上記から、主語は Swimming です。

● 主語と動詞で文は成立する？

Swimming has been. のままだと「水泳がずっと～だ」ということで「～」の部分が欠けていますから、補語を置いてあげないと意味がわかりません。

● それ以外の要素は？

ということで my favorite hobby は be 動詞の補語の役割を担っていて、hobby ＝趣味です。favorite という形容詞が hobby を修飾して「好きな趣味」という意味にし、my があることで「私のお気に入りの趣味」となりますね。

問題
19

動名詞の場合

Walking in the park early in the morning is refreshing.

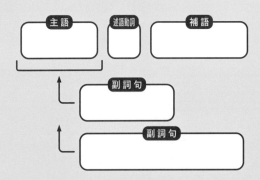

文を５つの要素に分解して、
それぞれがどのように作用しているかを考えよう。

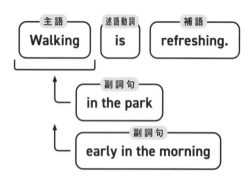

訳 朝早く公園で歩くことは爽快です。

● 述語動詞は？

Walking と is の２つがこの文の述語動詞の候補になりそうには見えますが、Walking が動詞として働いているのなら I'm walking. のように前に be 動詞が必要ですね。それがないので、Walking は動詞ではないと判断します。ということから is を述語動詞と考えてよいでしょう。

● 主語は？

主語は walk＋ing という動名詞ですね。動名詞はその動詞的な意味の強さから、副詞を使って修飾します（単純な名詞は形容詞で修飾しますね）。
in the park も early in the morning も副詞句として働いて walking を修飾しています。

Walking in the park early in the morning です。

● 主語と動詞で完結するか？

Walking in the park early in the morning is のままでは「朝早くに公園で歩くことは〜です」のような文になってしまうので、be 動詞である is が必要とする補語が不足しています。

is の後ろにある refreshing が「爽快な」という意味の形容詞なのでそれが補語で、Walking in the park early in the morning ＝ refreshing だという意味を完成させます。

問題
20

動名詞の場合

Jessie is good at playing the piano.

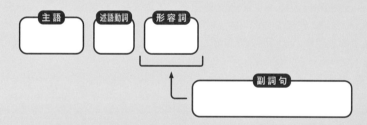

主語
述語動詞
形容詞
副詞句

文を4つの要素に分解して、
それぞれがどのように作用しているかを考えよう。

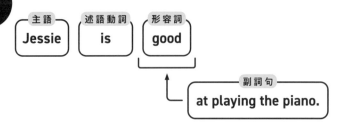

訳 ジェシーはピアノを弾くことが上手です。

● 述語動詞は？

文自体シンプルですが、ざっと見ると動詞の可能性があるものが2つ。be動詞である is と play＋ing の playing です。

play が進行形ならば、I am playing the guitar. のように、前に be 動詞がないとダメですね。しかも playing の直前には前置詞の at があります。前置詞は名詞の前に置くものなので、playing は名詞の役割をしていることがわかります。

ただ、ここでは play＋ing で動名詞の役割をしていて、品詞としては名詞ですが、動詞のように後ろに目的語（ここでは the piano）を取ることができます。よってこの文の述語動詞は is です。

● 主語は？

Jessie です。

● 主語と動詞で完結するか？

Jessie is だけだと「ジェシーは～です」ということで be 動詞が必要とする補語がありません。だから後ろに形容詞の good が来るんですね。Jessie ＝ good。「ジェシーはうまいです」となります。

● それ以外の要素は？

at playing the piano は good という形容詞を具体的に説明しています。つまり、彼女がどの分野で「上手」なのかを示しています。このため、この前置詞句は形容詞 good の意味を補足する副詞的な機能を持っていると考えることができます。

問題

21

動名詞の場合

Pochi enjoys lying in the sun during the afternoon.

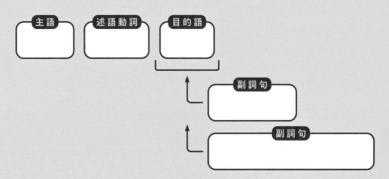

文を5つの要素に分解して、
それぞれがどのように作用しているかを考えよう。

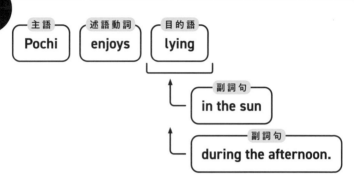

訳 ポチは午後に太陽の下で横になることを楽しんでいます。

● 述語動詞は？

enjoys が述語動詞です。これは動詞 enjoy の現在形です。

● 主語は？

Pochi が文の主語です。

● 主語と動詞で完結するか？

動詞が enjoy なので目的語を必要とします。

● 目的語は？

lying は動名詞で、動詞 enjoys の目的語として機能しています。lying の基本形は lie で「横になる」という意味です。

● それ以外の要素は？

in the sun はこの動作が行われる状況を示す副詞句で、lying を修飾しています。

during the afternoon は時間を示す副詞句で、主節のアクションがいつ行われるかを示しています。

動名詞は動詞的要素が強いため副詞によって修飾します。

問題

22

動名詞の場合

Avoiding junk food is important for keeping good health.

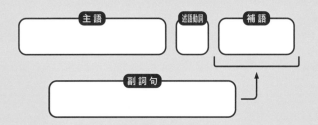

文を4つの要素に分解して、
それぞれがどのように作用しているかを考えよう。

訳 ジャンクフードを避けることは良い健康状態を維持するために重要である。

● 述語動詞は？

is です。

● 主語は？

Avoiding です。Avoiding が動名詞として「〜を避けること」という意味になっています。動名詞は動詞的要素から目的語をとることがあります。その動名詞の目的語である junk food までをかたまりとして見ると、「ジャンクフードを避けること」というのが主語になります。

● 補語は？

述語動詞が is なので後ろに補語が必要ですね。ここでは important です。「ジャンクフードを避けること」＝「重要である」という意味を形成します。

● それ以外の要素は？

for keeping good health は for＋ing で「〜するために」という意味を作ります。keeping という動名詞の目的語が good health ですね。かたまりで副詞の働きをして important を修飾しています。

問題
23

動名詞の場合

Listening to music while doing homework can make the task less stressful.

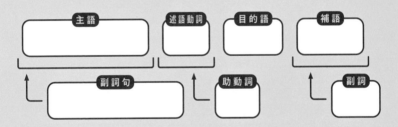

主語	述語動詞	目的語	補語

副詞句	助動詞	副詞

文を7つの要素に分解して、
それぞれがどのように作用しているかを考えよう。

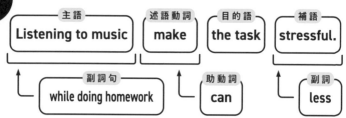

訳 宿題をしながら音楽を聞くことは、その作業をストレスが少ないものにすることができます。

● 述語動詞は？

can make が文の動詞です。これは助動詞 can と主動詞 make の組み合わせで、可能性や可能を表しています。make は後ろに目的語を1つとる場合と、目的語＋補語を取る場合があるので注意深く見てみましょう。

● 主語は？

Listening to music while doing homework が文の主語です。これは動名詞句で、名詞のように機能しています。動名詞 Listening が主な行為を表し、to music はその目的語、while doing homework はこの行為が行われる状況を示しています。

● 目的語は？

the task が動詞 make の目的語です。これは Listening to music while doing homework によって影響を受ける対象、つまり宿題の作業を指しています。

● 補語は？

less stressful は目的語 the task に対する補語です。これは形容詞句で、宿題の作業がどのようになるか（ストレスが少なくなる）を説明しています。

この文では、動名詞句が主語として使われており、音楽を聞く行為が宿題のタスクにどのような効果をもたらすかを述べています。

不定詞の場合

I went to the store to buy milk.

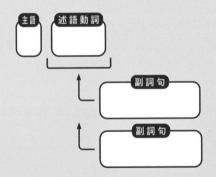

文を4つの要素に分解して、
それぞれがどのように作用しているかを考えよう。

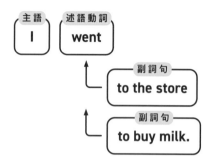

訳 牛乳を買うために店に行った。

● 述語動詞は？

went が動詞です。これは動詞 go の過去形で、出かける（出かけた）、行く（行った）という意味ですね。

● 主語は？

I が文の主語です。これは行動を行う人物を指します。

● それ以外の要素は？

後ろには to が 2 つあるのでそれぞれの機能を見ておきましょう。

to the store は副詞の役割をして、動詞 went の行先を示しています。つまり went という動詞を修飾しています。

to buy milk は「to ＋動詞の基本形」で不定詞を作っていて、行動の目的を示しています。ここでは I went to the store の行動が「milk を買うため」に行われたことを表しています。

全体としては、「私は出かけた」でもいいですが、「店へ」「牛乳を買うために」と、後ろに 2 つの to が作り出す 2 種類の副詞句が置かれて、文に意味を加えています。ここでは to buy milk が目的を示しています。

問題 25

不定詞の場合

To improve his skills, practicing every day is important.

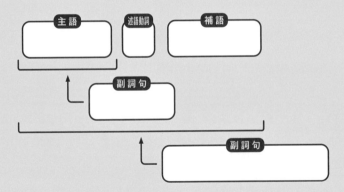

文を5つの要素に分解して、
それぞれがどのように作用しているかを考えよう。

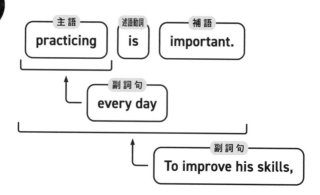

訳 彼の技術を向上させるために、毎日の練習が重要です。

● 述語動詞は？

is が動詞です。これは be 動詞の現在形ですね。通常、主語と補語を必要とします。

● 主語は？

practicing が文の主語です。これは動詞の practice（練習する）から進化した動名詞 practicing。every day が副詞で practicing を修飾してかたまりで「毎日練習すること」を意味します。

● 補語は？

important が補語です。これは形容詞で、主語 practicing every day の特性や状態を説明しています。

● 副詞句は？

「to＋動詞の基本形」という形のものを不定詞と言います。ここでは To improve his skills は前置詞 to と動詞の improve が副詞句を作り出し、主節の目的を表す働きをします。

問題
26

不定詞の場合

She decided to travel around the world.

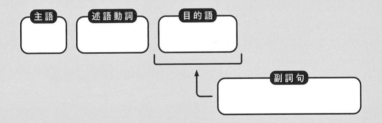

主語	述語動詞	目的語

副詞句

文を4つの要素に分解して、
それぞれがどのように作用しているかを考えよう。

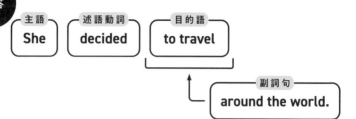

訳 彼女は世界を旅行することに決めた。

● 述語動詞は？

decided が述語動詞です。

これは動詞 decide の過去形で、主語 She が決断したことを表しています。

● 主語は？

She が文の主語です。

● 不定詞は？

to travel around the world は不定詞のフレーズで、述語動詞 decided の目的語として機能しています。

to travel は基本形の動詞に to を付けた不定詞で、行う行動を示しています。

around the world は副詞句で、to travel を具体的に説明し、彼女が世界中を旅行する、という意味を加えています。

問題
27

不定詞の場合

It is important for your health to eat healthy food.

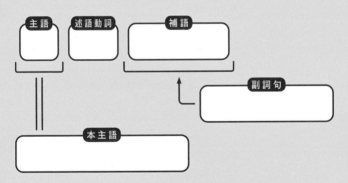

主語	述語動詞	補語

副詞句

本主語

文を5つの要素に分解して、
それぞれがどのように作用しているかを考えよう。

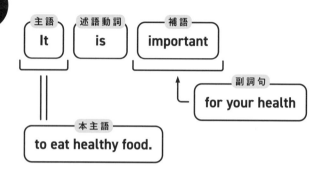

訳 健康のために健康的な食べ物を食べることが重要です。

● 述語動詞は？

is が述語動詞です。これは be 動詞の現在形です。be 動詞が述語動詞ということは、主語と補語を必要とします。

● 主語は？

It ですが、いきなり出現する文頭の it は形式的な主語である可能性が高いです。文頭に it を発見した時は、文の中盤から後半に to か that がないかを確認してみましょう。そうすると、実際の主語は to eat healthy food であることがわかります。

● 不定詞は？

to eat healthy food は「to ＋動詞の基本形」で不定詞を形成しています。ここでは名詞句の働きをしていて、形式主語 it の本当の主語です。

● 補語は？

最小単位で見ると形容詞の important が補語に当たります。ただ、それに続く for your health が important を修飾する副詞の働きをしているので、important for your health を 1 つの補語のかたまりとして考えることができるでしょう。

不定詞の場合

Taishi has a lot of work to do.

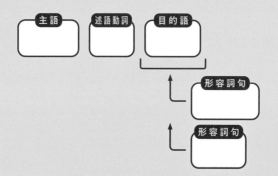

文を5つの要素に分解して、
それぞれがどのように作用しているかを考えよう。

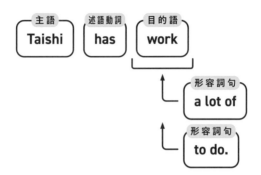

訳 タイシにはやるべき仕事がたくさんあります。

● **述語動詞は？**

has が述語動詞です。これは動詞 have の現在形ですね。have は目的語を必要とします。

● **主語は？**

Taishi が主語です。

● **目的語は？**

work です。

● **その他の要素は？**

to do は to＋動詞の基本形が作る不定詞のかたまり（句）で、名詞句 a lot of work の直後に置かれているので、ここでは形容詞の役割を担います。a lot of work（たくさんの仕事）とはどんな仕事か？　to do で「やるべき」という意味になって a lot of work to do で「やるべきたくさんの仕事」という意味になります。この文では、to do が a lot of work の特性や必要な行動を詳しく説明しています。

問題
29

不定詞の場合

The problem to be solved is quite difficult.

主語	述語動詞	補語

形容詞句	副詞

文を5つの要素に分解して、
それぞれがどのように作用しているかを考えよう。

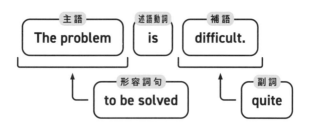

主語	述語動詞	補語
The problem	**is**	**difficult.**

形容詞句
to be solved

副詞
quite

訳 解決されるべき問題はかなり難しい。

● **述語動詞は？**
is が述語動詞です。これは be 動詞の現在形です。be 動詞が述語動詞なので通常主語と補語を必要とします。

● **主語は？**
最小単位で見ると The problem が主語です。しかしその後ろの to be solved は不定詞の受動態の形で、形容詞的な役割を果たして problem を修飾しています。大きく見ると The problem to be solved が文の主語です。

● **補語は？**
difficult が補語です。これは形容詞句で、主語 The problem to be solved とイコールの関係を作っています。quite が difficult を修飾しています。

この文では、不定詞受動態の to be solved が problem を具体的に修飾し、その問題の性質が quite difficult と評されています。

不定詞の場合

The best way to learn a language is to practice daily.

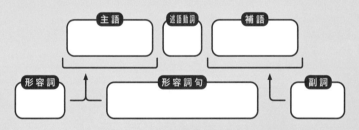

文を6つの要素に分解して、
それぞれがどのように作用しているかを考えよう。

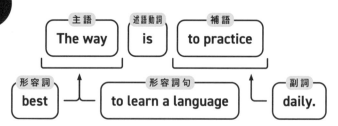

訳 言語を学ぶ最良の方法は毎日練習することです。

● 述語動詞は？

is が述語動詞です。これは be 動詞の現在形で、主語と補語を結びつけています。

● 主語は？

The best way to learn a language が文の主語です。この名詞句は、言語学習における最良の方法を指しています。

to learn a language はこの名詞 way を修飾する不定詞の形容詞句です。

● 補語は？

to practice です。この不定詞の句は、The best way to learn a language が何であるかを説明しています。

副詞 daily が practice を修飾しています。

分詞の場合

The boiling water is ready for tea.

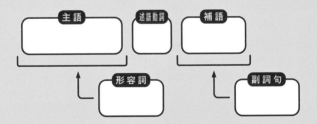

文を 5 つの要素に分解して、
それぞれがどのように作用しているかを考えよう。

主語	述語動詞	補語
The water	**is**	**ready**

形容詞
boiling

副詞句
for tea.

訳 沸騰したお湯はお茶用に準備ができている。

● 述語動詞は？

is が述語動詞です。これは be 動詞の現在形で、通常主語と補語を必要とします。

● 主語は？

The boiling water が文の主語です。この名詞句は、状態を示す現在分詞 boiling によって修飾された water（水）となっています。

● 分詞には 2 つのタイプがあります。

動詞＋ing の現在分詞
動詞＋ed（場合によっては不規則変化）の過去分詞

現在分詞の方は「○○している名詞」という意味になります。
過去分詞の方は「○○された名詞」か「○○した名詞」という意味になります。

ここでは今グツグツ沸いているお湯なので boiling となります。

● 補語は？

最小単位で言うと ready（準備ができている）です。ただ後ろに for tea があるのでそこまでをかたまりとして見てもいいでしょう。ready という形容詞を修飾する for tea は副詞句で、ready を具体的に説明し、水が「お茶のために」準備されていることを示しています。

問題
32

分詞の場合

The people walking in the park are enjoying the sunny weather.

主語
述語動詞
目的語
形容詞句
形容詞

文を5つの要素に分解して、
それぞれがどのように作用しているかを考えよう。

主語	述語動詞	目的語
The people	are enjoying	the weather.

形容詞句
walking in the park

形容詞
sunny

訳 公園を歩いている人々は晴れた天気を楽しんでいる。

● 述語動詞は？

are enjoying が述語動詞です。これは動詞 enjoy の現在進行形です。enjoy は「〜を楽しむ」という意味を持つため目的語を必要とします。

● 主語は？

The people walking in the park が文の主語です。この名詞句は、現在分詞 walking によって修飾された people（人々）となっています。walking in the park は人々がどのような活動をしているかを説明しています。

● 目的語は？

the sunny weather は動詞 are enjoying の目的語です。これは人々が楽しんでいる対象を指し示しています。sunny という形容詞が weather を修飾しています。

ここで walking in the park は主語の people に対する追加情報を提供し、現在進行形の動詞 are enjoying はその人々が現在どのような状態にあるか（晴れた天気を楽しんでいる）を示しています。

分詞の場合

Luka received a handwritten letter from his father living abroad.

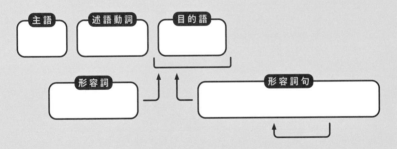

文を５つの要素に分解して、
それぞれがどのように作用しているかを考えよう。

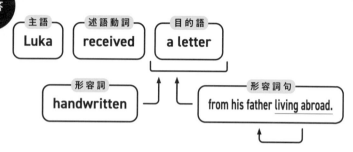

訳 ルカは外国に住む父親から手書きの手紙を受け取った。

● 述語動詞は？

received が述語動詞です。これは動詞 receive の過去形です。receive は「〜を受け取る」という意味なので目的語を必要とします。

● 主語は？

Luka が文の主語です。

● 目的語は？

a handwritten letter は動詞 received の目的語です。冠詞 a と letter の間にあるのは形容詞の働きをする分詞です。handwritten は、「手書きされた」という意味の形容詞です。

よって a handwritten letter で「手書きされた手紙」という意味になります。

● それ以外の要素は？

from his father living abroad は形容詞句で、手紙の送り主を示しています。from his father は、手紙が誰から来たかを示しています。living abroad は現在分詞句で、his father を修飾する形容詞の働きをしていて、彼が海外に住んでいることを説明しています。

handwritten という形容詞を用いて letter を修飾し、living abroad という現在分詞を用いて father の状態を詳細に説明しているのが注目点です。

問題
34

分詞の場合

The path was covered by fallen leaves like a golden carpet.

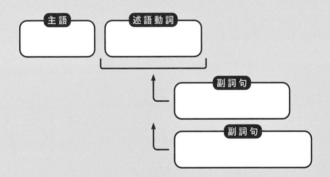

文を4つの要素に分解して、
それぞれがどのように作用しているかを考えよう。

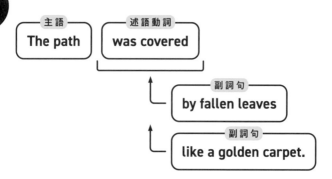

主語	述語動詞
The path	was covered

副詞句
by fallen leaves

副詞句
like a golden carpet.

訳 道は金色のカーペットのように落ち葉に覆われていた。

● 述語動詞は？

was covered が述語動詞です。これは受動態の表現で、was が be 動詞の過去形、そして covered が過去分詞です。cover は「覆う」という意味なので、ここでは「覆われていた」という意味になります。

● 主語は？

The path が文の主語です。「道」という意味です。

● それ以外の要素は？

受動態の後ろに by がくる時は「誰 or 何によってそうなっているのか」を表します。

ここでは by fallen leaves で、by + fallen leaves となっています。

leaves は leaf の複数形で、葉っぱ。fallen は fall（落ちる）が進化して分詞として形容詞の役割を担います。

ここで falling leaves ではなく fallen leaves なのは、falling leaves だと「今ヒラヒラと落ちている葉」という意味になってしまうからです。fallen leaves にすることで「落ちた（完了している）葉」という意味になっています。

また、like a golden carpet は比喩的な表現で、副詞句として covered の状況を具体的に説明しています。これにより、落ち葉がどのように道を覆っているかの美しいイメージが作り出されています。

分詞の場合

The painted walls brightened the room.

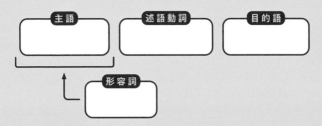

文を4つの要素に分解して、
それぞれがどのように作用しているかを考えよう。

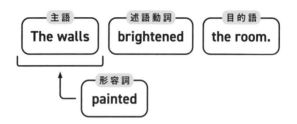

主語	述語動詞	目的語
The walls	**brightened**	**the room.**

形容詞
painted

訳 塗装された壁が部屋を明るくした。

● 述語動詞は？

brightened で brighten「〜を明るくする」の過去形です。目的語を必要とします。

● 主語は？

The painted walls ですね。最小単位に絞れば The walls。

● 形容詞は？

The と walls の間にある painted ですね。painted は walls（壁）という名詞を修飾している形容詞です。

paint（塗る）という動詞に ed がくっついて過去分詞を作り出し、名詞を修飾します。

painted は壁が「塗装された」という状態を示しています。つまり、これらの壁は過去に誰かによって塗装され、現在はその塗装された状態にあります。だから painted となっているのです。

この文全体では、painted walls（塗装された壁）が brightened the room（部屋を明るくした）と説明しています。

問題
36

分詞の場合

Driving home, I saw a beautiful sunset.

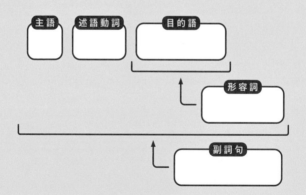

文を5つの要素に分解して、
それぞれがどのように作用しているかを考えよう。

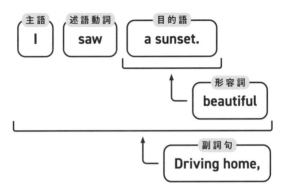

主語	述語動詞	目的語
I	saw	a sunset.

形容詞
beautiful

副詞句
Driving home,

訳 家に向かって運転している途中で、私は美しい夕日を見た。

● 述語動詞は？

saw が述語動詞です。これは動詞 see の過去形で、通常は目的語を必要とします。

文を頭から見ると、Driving home, が目に入ってきます。「ing...,」とあればそれは分詞構文というもので主節（メインの文）に付加的な情報を加える働きを持っています。ing＋, を見たらそこにある動詞の ing 形（現在分詞）は述語動詞ではないと判断します。

● 主語は？

I が文の主語です。

● 目的語は？

a beautiful sunset は動詞 saw の目的語です。beautiful という形容詞が sunset という名詞を修飾しています。

● 分詞構文とは？

分詞構文とは、主節と同時に起こっている、または起こっていた状況の説明を加えるものです。

これは現在分詞 Driving を用いた句でできています。ここでは主語が「家に向かって運転している」という行為を示しています。

分詞構文 Driving home は、主節 I saw a beautiful sunset に時間的な文脈や背景の情報を付加しています。

分詞の場合

Having lived in France for three years, Saki speaks French fluently.

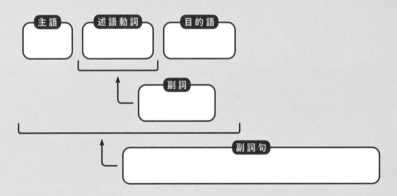

文を5つの要素に分解して、
それぞれがどのように作用しているかを考えよう。

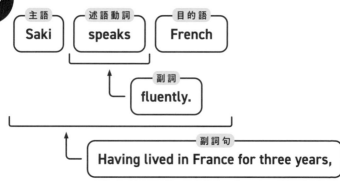

訳 ３年間フランスに住んでいたので、彼女は流暢にフランス語を話す。

● 述語動詞は？

speaks が述語動詞です。これは動詞 speak の現在形で、後ろに目的語を取る場合もあります。

文頭の ing からカンマまでは追加的な情報である分詞構文なので、主節（メインの文）はカンマより後ろです。

● 主語は？

Saki が文の主語です。

● 目的語は？

French は動詞 speaks の目的語です。

● その他の要素は？

fluently は副詞で、動詞 speaks を修飾し、彼女がどのようにフランス語を話すか（流暢に）を示しています。

● 分詞構文は？

文頭の Having lived in France for three years, は分詞構文です。Living in France for three years, であれば主節と同時に起こっている状況を付け加えますが、Having lived in France for three years, となると主節よりも過去に起こった状況を付け加える役割をします。

問題
38

分詞の場合

Written in simple language, the book is easy to understand.

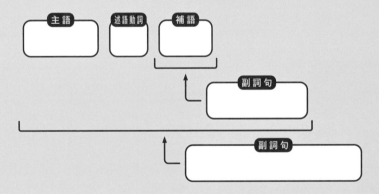

文を５つの要素に分解して、
それぞれがどのように作用しているかを考えよう。

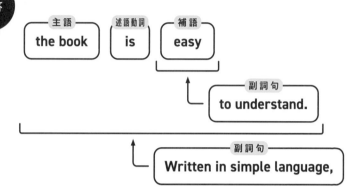

訳 簡単な言葉で書かれているため、その本は理解しやすい。

● 述語動詞＋主語は？

is が述語動詞です。これは be 動詞の現在形です。通常、主語と後ろに補語（名詞か形容詞）を必要とします。つまり、the book がこの文の主語です。

● 分詞構文は？

過去分詞（動詞 ed や不規則変化）で文が始まる場合はカンマまでが分詞構文と言われるもので、主節（メインの文）に情報を付け加える役割を担っています。

Written in simple language は分詞構文です。これは過去分詞 Written を用いた句で、文の主節に付加的な情報を提供しています。Writing という現在分詞ではなく、Written という過去分詞になっているので受動態（〜された）の意味が含まれます。

また、なぜその本が理解しやすいかの理由を提供し、主節 the book is easy to understand に具体的な背景情報を加えています。

● 補語は？

easy です。後ろの to understand という不定詞が形容詞 easy を修飾する副詞の働きをしていて、「理解するために」という意味を加えています。

easy to understand は「理解するために簡単だ」という意味から、「理解しやすい」と捉えることができますね。

問題
39

分詞の場合

Marco closed the book, satisfied with the ending.

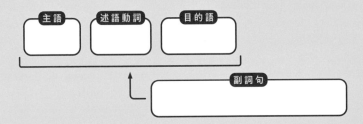

主語	述語動詞	目的語

副詞句

文を4つの要素に分解して、
それぞれがどのように作用しているかを考えよう。

解答

| 主語 | 述語動詞 | 目的語 |
| Marco | closed | the book |

副詞句
, satisfied with the ending.

訳 マルコは結末に満足して本を閉じた。

● 述語動詞は？
closed が述語動詞です。動詞 close の過去形で、通常目的語を必要とします。

● 主語は？
Marco が文の主語です。

● 目的語は？
the book は動詞 closed の目的語です。

● 分詞構文は？
カンマがあるので、カンマがどういう働きをするかを考えてみるといいでしょう。カンマは文章を読みやすくするために文法的な意味の区切りをつけるのに使用されるので、何らかの切り替えがカンマの前後にあると考えます。

satisfied with the ending は分詞構文です。この部分では、satisfied（満足させられて）という過去分詞が、マルコが本を閉じた後のマルコの感情を描写しています。分詞構文は、文の主節に追加情報を提供し、この場合はマルコが本の結末に対してどのように感じたかを示しています。

with the ending は副詞句で、satisfied を修飾しています。これは彼女が何に満足しているのか（本の結末に）を説明しています。

問題

40

分詞の場合

Tom, surprised at the unexpected gift, thanked his friends warmly.

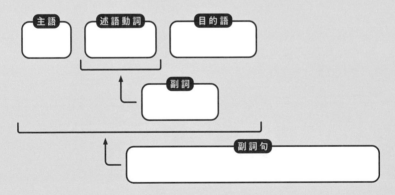

文を5つの要素に分解して、
それぞれがどのように作用しているかを考えよう。

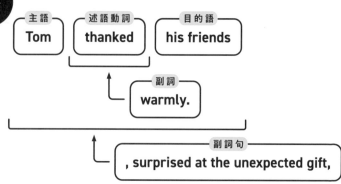

訳 予期せぬ贈り物に驚いたトムは、友人たちに心から感謝した。

● 述語動詞＋目的語は？

thanked は述語動詞です。これは動詞 thank の過去形ですね。「～に感謝する」という意味なので、通常目的語を必要とします。ですので、後ろにhis friends が来ます。動詞 thanked の目的語で、トムが感謝を表した相手を指しています。

● 主語は？

Tom は文の主語です。

● 分詞構文は？

surprised at the unexpected gift は分詞構文です。分詞構文 surprised at the unexpected gift は、文の主節 Tom thanked his friends warmly に対する背景情報や理由を提供しています。

● 残りの要素は？

warmly は副詞で、トムの感謝の仕方を説明しています。ここでは、トムがどのように感謝を示したか（暖かく）を示しています。
この文全体は、トムが予期せぬ贈り物に驚き、その結果として友人たちに暖かく感謝を表したことを説明しています。

Level

3

並列構造の文も
パターンで大丈夫！

「暇な時は本を読んだり、映画を観たり、音楽を聴いたりします」
という文は日本語でも日常的に使いますね。

動詞が文の核ですが、この文の中にはいくつあるでしょうか。
「読む」「観る」「聴く」ですね。

ではどれがこの文の述語動詞でしょうか。
この3つ全てですね。どれが他よりも重要であるということはなく
それぞれが対等の関係であることがわかります。

英語でも同じことが起こります。

In my free time, I read books, watch movies, and listen to music.
となります。

このように複数の述語動詞が文中に登場する場合があります。

とはいえルールは明確で、並列関係を作るための接続詞が置かれる
のでそれを見つけた時は、並列関係なんだと認識できるでしょう。

この章ではそういった並列構造で組み立てられている文について見
ていきたいと思います。

問題
41

並列構造の場合

I bought apples, oranges, and bananas.

| 主語 | 述語動詞 | 目的語 |

文を３つの要素に分解して、
それぞれがどのように作用しているかを考えよう。

主語	述語動詞	目的語
I	bought	apples, oranges, and bananas.

訳 私はリンゴとオレンジとバナナを買いました。

ここでのポイントは and の使い方です。

● 等位接続詞「and」とは？

and は等位接続詞と呼ばれていて、等しい位の語や句、節を結びつける機能があります。ここでは apples, oranges, and bananas は全て「買ったもの」として同じレベル（個人的な好き嫌いはあっても）の名詞です。

● 述語動詞は？

パッと見て動詞らしきものは buy の過去形の bought くらいですね。目的語を必要とします。

● 主語は？

この文の主語は I です。

● 目的語は？

apples, oranges, and bananas ですね。
これらは文の目的語で、動詞 bought の対象となる名詞です。
apples、oranges、bananas は全て可算名詞で、ここでは複数形で使用されています。

この章ではこの等位接続詞が文でどのように機能しているかを学びます。

問題
42

並列構造の場合

She studied hard, and she passed the exam.

文を7つの要素に分解して、
それぞれがどのように作用しているかを考えよう。

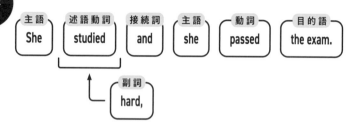

訳 彼女は懸命に勉強し、試験に合格した。

文全体をパッと見てみます。主語と動詞が2セットあることがわかります。英語では1つの文の中に主語と動詞のセットが複数ある場合、接続詞を置いて繋がなければならないというルールがあります。

ここでは and がその接続詞の役割を担っています。

and は等位接続詞と呼ばれて、and の前後が等しい位（等位）だということで、and の前後はどちらも主節（メインの文）と判断されます。どっちがメインで、どっちがサブとかがないわけです。

● 1つ目の独立節「She studied hard」

述語動詞は？

studied は動詞 study の過去形です。目的語を取る時と取らない時があるので目的語の有無を確認してみましょう。

主語は？

この節の主語は She です。

その他の要素は？

hard は副詞で、動詞 studied を修飾し、勉強の方法や程度を説明しています。

● 2つ目の独立節「she passed the exam.」

動詞は？

passed は動詞 pass の過去形です。

主語は？

この節の主語も she です。

目的語は？

the exam は名詞句で、動詞 passed の対象となるものです。

問題
43

並列構造の場合

Takako likes to read books and watch movies in English.

主語	述語動詞	目的語	等位接続詞	目的語

副詞句

文を6つの要素に分解して、
それぞれがどのように作用しているかを考えよう。

解答

主語	述語動詞	目的語	等位接続詞	目的語
Takako	likes	to read books	and	watch movies

副詞句
in English.

訳 タカコは英語の本を読んだり、映画を見たりするのが好きだ。

文全体をざっと見ると文中に and があることに気づきます。
and は等位接続詞で、同じレベルのものを文中で繋ぐ力を持っているので、何と何がandで繋がれているのかに意識を向けてみることが大切です。

● 1つ目の節「Takako likes to read books」
述語動詞は？
likes は動詞 like の三人称単数現在形です。通常目的語を必要とします。
主語は？
Takako です。
目的語は？
to read books ですね。to＋動詞になっているので不定詞です。likes の目的語なので、名詞の働きをして、「本を読むこと」という意味を作ります。

● 等位接続詞の and の直後にある watch は？
watch が and の後ろにくる節の動詞なのであれば likes のように watches となるはずですが watch のママですよね。
実は、Takako likes to read books. Takako likes to watch movies in English. の2つの文が元々はあって、Takako likes to が被ってるから and で繋ぐ時に被っているのを省略したんですね。
だから and の後ろには watch がきているのです。

● 2つ目の節「Takako likes to watch movies in English」
動詞＋主語は？
動詞は likes、主語は Takako ですが省略されています。
目的語は？
to watch movies ですね。

問題
44

並列構造の場合

I chose bread for breakfast, but my sister chose cereal.

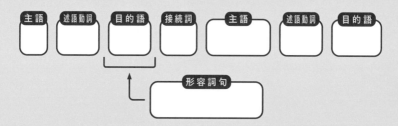

| 主語 | 述語動詞 | 目的語 | 接続詞 | 主語 | 述語動詞 | 目的語 |

形容詞句

文を8つの要素に分解して、
それぞれがどのように作用しているかを考えよう。

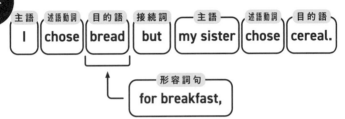

主語	述語動詞	目的語	接続詞	主語	述語動詞	目的語
I	chose	bread	but	my sister	chose	cereal.

形容詞句
for breakfast,

訳 私は朝食にパンを選んだが、妹はシリアルを選んだ。

but も and と同じく等位接続詞です。

● 1つ目の節「I chose bread」

述語動詞は？
chose は動詞 choose の過去形です。通常目的語を必要とします。
主語は？
この節の主語は I です。
目的語は？
bread は名詞で、選択されたアイテム（朝食としてのパン）を示しています。
その他の要素は？
for は前置詞で、breakfast は名詞で、食事を示しています。
接続詞は？
but は等位接続詞で、対照を示すために使われます。

● 2つ目の節「my sister chose cereal.」

動詞＋主語は？
ここでも動詞は choose の過去形です。主語は my sister です。
目的語は？
cereal は名詞で、姉妹が選んだ朝食のアイテムを示しています。

この文では、最初の節が話者の朝食に関する選択を述べ、2番目の節が話者の姉妹の選択を示しています。接続詞 but はこれら2つの選択肢の対照を強調しています。

問題
45

並列構造の場合

It was raining, so we stayed indoors.

| 主語 | 述語動詞 | 接続詞 | 主語 | 述語動詞 | 副詞 |

文を6つの要素に分解して、
それぞれがどのように作用しているかを考えよう。

主語	述語動詞	接続詞	主語	述語動詞
It	was raining,	so	we	stayed

副詞
indoors.

訳 雨が降っていたので、室内で待機した。

so は等位接続詞で、原因と結果の関係を示します。

● 1つ目の節「It was raining」

述語動詞は？
was raining で過去進行形になっています。
主語は？
この節の主語は It で、ここでは天気の状態を指す形式主語として使用されています。

● 2つ目の節「we stayed indoors」

動詞は？
stayed は動詞 stay の過去形で、通常は目的語を取りません。
主語は？
we です。
その他の要素は？
indoors は副詞で、どこに留まったかを示しています。ここでは、屋内に留まったことを意味しています。

この文では、It was raining（雨が降っていた）という事実が原因となり、so we stayed indoors（だから私たちは屋内にいた）という行動が結果として示されています。so を使用することで、この因果関係が明確にされ、文全体の意味が強調されます。

問題

46

並列構造の場合

Alison not only teaches math but also writes science books.

主語	述語動詞	目的語	接続詞	述語動詞	目的語

副詞句

文を7つの要素に分解して、
それぞれがどのように作用しているかを考えよう。

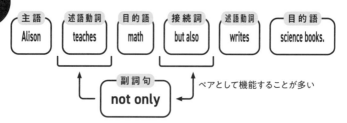

> ペアとして機能することが多い

訳 アリソンは数学を教えるだけでなく、科学の本も書いている。

文全体を見ると文中に等位接続詞の but がありますね。そんな時は but の前後に何があるかをまずはチェックしましょう。

● 1つ目の節「Alison not only teaches math」

述語動詞＋主語は？
teaches は動詞 teach の三人称単数現在形です。主語は Alison です。
目的語は？
teaches の目的語は math です。

● 2つ目の節「writes science books」

述語動詞は？
writesは動詞writeの三人称単数現在形で、通常目的語を必要とします。
主語は？
ありません。なぜなら1つ目の節の Alison と同じだから省略されます。
目的語は？
science books ですね。

●「not only ... but also ...」とは？

「not only A but also B」は A だけではなく B もという等位接続詞の働きをします。
「not only ... but also ...」の構造は、両方の活動が等しく重要であることを強調し、この人物の多面性を示しています。

並列構造の場合

They neither called us nor replied to our messages.

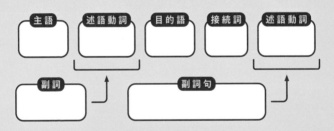

文を7つの要素に分解して、
それぞれがどのように作用しているかを考えよう。

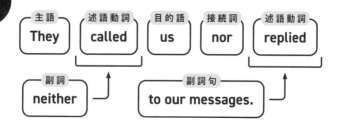

主語	述語動詞	目的語	接続詞	述語動詞
They	called	us	nor	replied

副詞	副詞句
neither	to our messages.

訳 彼らは私たちに電話もしてこないし、メッセージにも返信しない。

1文の中で文と文を繋ぎ合わせることはよくあります。繋ぎ合わせるためには接続詞が必要なのですが、等位接続詞というものがあります。

● 1つ目の節「They neither called us」
述語動詞＋主語は？
called は動詞 call の過去形です。主語は They です。
目的語は？
us です。

● 2つ目の節「replied to our messages」
動詞は？
replied は動詞 reply の過去形です。目的語は必要としませんが、reply to 誰かという形を取ることが多いです。
主語は？
They ですが1つ目の節の主語と同じなので省略されています。
それ以外の要素は？
to our messages は前置詞句で、応答の対象となるメッセージを示しています。

この文は、They が二つの行為（「私たちに電話する」ことと「私たちのメッセージに返信する」こと）のどちらも行わなかったことを強調しています。「neither ... nor ...」の構造は、両方の否定された行為を連結し、強力な否定的意味を持たせています。

Level

4

長い副詞の
働きを攻略しよう

私が家に帰った時、誰かが私を待っていた。

という文において、主語と述語動詞はどれでしょうか。
「私が」「帰った」「誰かが」「待っていた」という風に主語と動詞の
セットが2つあります。

しかしここでは、「私が家に帰った時」という表現が、「誰かが私を待
っていた」という内容の情景を説明していますね。情報を付け加え
ているわけです。

ですからこの文においてのメインは「誰かが私を待っていた」。
サブが「私が家に帰った時」です。

このように主語と動詞のセットが複数文中に登場しながらも一方が
メインで、もう一方が補足説明という関係であるパターンがたくさ
んあります。

このように文中で補足的な情報を加える副詞と同じように働く意味
のかたまりを副詞節と言います。副詞節は、時間、原因、条件、目
的、方法、比較など、さまざまな要素を表現するために使われます。
節とは主語と動詞を含む語句のかたまりのことです。

ここでは副詞節のパターンを理解し、英文におけるメインメッセー
ジを正しく捉える練習をしましょう。

問題
48

副詞節の場合

When I arrived, everyone was waiting.

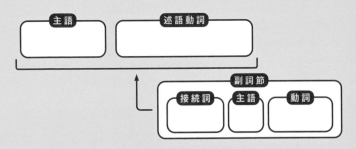

主語 ＼ 述語動詞

副詞節 ＼ 接続詞 ＼ 主語 ＼ 動詞

文を3つの要素に分解して、
それぞれがどのように作用しているかを考えよう。

節＝主語や動詞を含む語句のかたまり

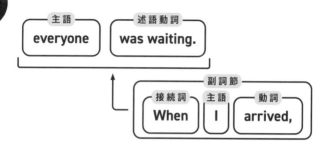

訳 私が到着した時、みんな待っていた。

全体を見ると主語と動詞のセットが2つあります。この時には接続詞の有無を確認することが大切ですね。

そうすると文頭に When があります。When は従属節を導くので When からカンマまでは補足的なものであると判断しましょう。

● 述語動詞は？

was waiting で過去進行形になっています。過去の1点にそれが行われていたということです。

● 主語は？

everyone です。

● 従属節「When I arrived,」

接続詞は？

When です。接続詞として「主語が動詞する（した）時」という意味を作ります。

動詞は？

arrived です。

主語は？

I です。

問題

49

副詞節の場合

Although it was raining, we decided to attend the outdoor concert.

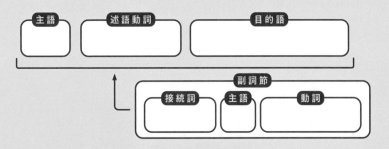

文を４つの要素に分解して、
それぞれがどのように作用しているかを考えよう。

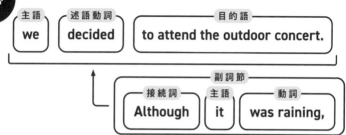

主語	述語動詞	目的語
we	decided	to attend the outdoor concert.

	副詞節	
接続詞	主語	動詞
Although	it	was raining,

訳 雨が降っていたけれども、私たちは屋外コンサートに行くことに決めた。

,（カンマ）があって、, の前にも主語と動詞、, の後ろにも主語と動詞があり、節を成します。節と節をくっつけて 1 つの文にするには接続詞が必要です。

● 述語動詞＋主語は？

decided が主節の述語動詞です。これは動詞 decide の過去形です。decide は後ろに目的語を取ることが多いです。主節の主語は we です。

● 目的語は？

decide の目的語 to attend the outdoor concert は不定詞で、「野外コンサートに参加すること」という名詞のかたまり（名詞句）を形成しています。

● 従属節「Although it was raining」

この節は、接続詞 Although で始まり、状況を設定しています。従属節 Although it was raining は、主節 we decided to attend the outdoor concert の行動が行われる背景や条件の情報を付け加える副詞の働きをしています。

従属節の動詞は？

was raining が従属節の述語動詞です。be 動詞の過去形 was と現在分詞 raining の組み合わせで、雨が降っている最中であることを示しています。

従属節の主語は？

it が従属節の主語です。この場合、it は天気を指しています。

問題
50

副詞節の場合

You won't succeed unless you try.

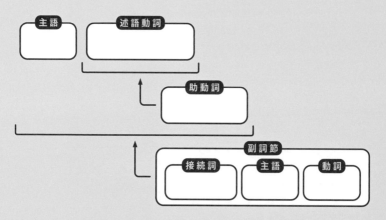

文を4つの要素に分解して、
それぞれがどのように作用しているかを考えよう。

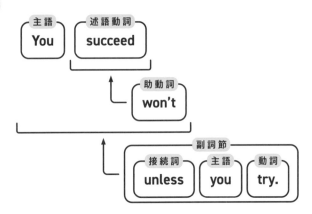

訳 試してみなければ、成功はありません。

全体を見ると you が2つあって、それぞれの後ろに動詞が見受けられるので、どこかに接続詞がないかを確認します。すると、unless がありますね。unless の後ろが従属節、それより前が主節であると判断します。

● 述語動詞は？

won't succeed が述語動詞です。won't は助動詞 will not の短縮形で、否定の未来を示しています。succeed は主動詞で、成功するという行動を表しています。

● 主語は？

You が文の主語です。

● 従属節「unless you try」

この節は、従属接続詞 unless で始まり、条件を設定しています。
従属節の動詞は？
try が従属節の動詞です。これは基本形の動詞で、努力する、試みるという行動を表しています。
従属節の主語は？
従属節の主語も you です。
従属節 unless you try は、主節 You won't succeed の行動が起こる条件を定義しています。

副詞節の場合

As soon as I hear any news, I'll let you know.

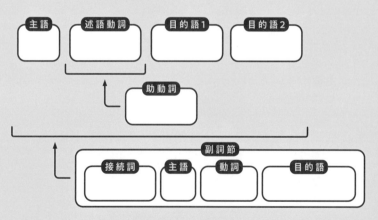

文を6つの要素に分解して、
それぞれがどのように作用しているかを考えよう。

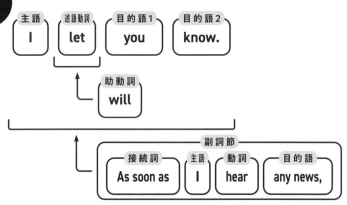

訳 ニュースを聞いたらすぐに、あなたに知らせます。

as soon as は「〜が〜したらすぐに」という意味の接続詞で、後ろに主語と動詞を置きます。この接続詞が作り出す節は従属節なので、主節（メインの文）に副詞的な意味を付け加えます。

● 述語動詞は？

'll let が主節の述語動詞です。let は let ＋Ｏ＋基本形動詞の形を取ることが多くて、「〜するのを許可する」という意味を作り出します。

● 主語は？

I が主節の主語です。

● 目的語は？

you は動詞 let の目的語で、誰に情報を伝えるかを示しています。

● 従属節「As soon as I hear any news,」

動詞＋主語は？

hear が従属節の述語動詞です。主語は同じく I です。

目的語は？

any news は動詞 hear の目的語です。「いかなるニュース」という意味ですね。

問題
52

副詞節の場合

As children played outside, a rainbow appeared after the rain.

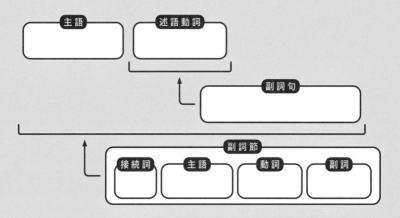

文を4つの要素に分解して、
それぞれがどのように作用しているかを考えよう。

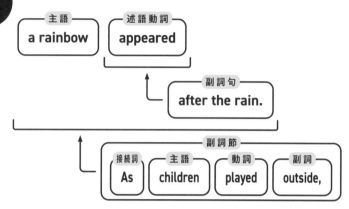

主語	述語動詞
a rainbow	appeared

副詞句
after the rain.

副詞節

接続詞	主語	動詞	副詞
As	children	played	outside,

訳 子どもたちが外で遊んでいると、雨上がりに虹がかかった。

文全体を見ると主語と動詞が2セットあるのでどこかに接続詞があることを確認しましょう。今回は確認するまでもなく、文頭のAsが従属接続詞なのでAs children played outsideは従属節です。この節は、接続詞Asで始まり、時間的な状況を設定しています。

● 述語動詞＋主語は？

appearedが主節の述語動詞です。appearの過去形で、「現れる」という意味です。主語はa rainbowです。

● それ以外の要素は？

after the rainは副詞句で、虹が現れた時間的な状況を示しています。

● 従属節「As children played outside,」

動詞＋主語は？

playedが従属節の述語動詞です。目的語が必要かどうかは場合によります。従属節の主語はchildrenです。

目的語は？

ありません。outsideは副詞で、「外で」という意味なので、playしていた場所を示す役割です。

問題
53

副詞節の場合

Provided that you finish your work, you can go out with your friends.

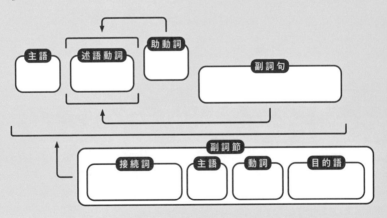

文を5つの要素に分解して、
それぞれがどのように作用しているかを考えよう。

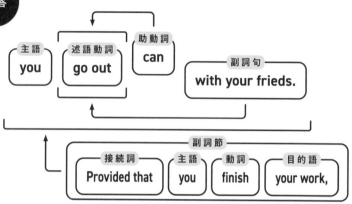

訳 仕事を終えれば、友達と外出できます。

文頭の Provided that が従属接続詞の役割をしていて、, まで従属節となります。

● 述語動詞＋主語は？

can go out が主節の述語動詞です。can は助動詞で、可能性を示し、go out は主動詞で、外出するという行動を表しています。主語は you です。

● それ以外の要素は？

with your friends は前置詞句で、go out を修飾しているので副詞の働きですね。

● 従属節「Provided that you finish your work」

この節は条件を示す接続詞 Provided that で始まり、特定の条件を設定しています。
動詞は？
finish が従属節の述語動詞です。これは動詞 finish の基本形で、通常目的語を必要とします。
主語は？
you が従属節の主語です。
目的語は？
your work は動詞 finish の目的語です。

問題

54

副詞節の場合

She acted as though she hadn't heard the news.

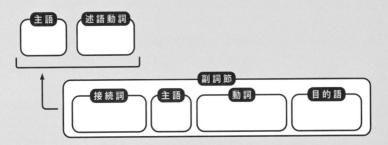

文を3つの要素に分解して、
それぞれがどのように作用しているかを考えよう。

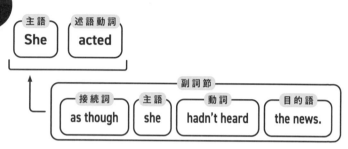

主語
She

述語動詞
acted

副詞節

接続詞
as though

主語
she

動詞
hadn't heard

目的語
the news.

訳 彼女はそのニュースを聞いていないかのように振る舞った。

全体を見ると主語動詞のセットが2つあることがわかります。ということはどこかに接続詞があるはずなのでそこをまずは探します。
as though がありますね。仮定や比喩的な状況を表す従属接続詞です。as though she hadn't heard the news は従属節だということです。

● 述語動詞＋主語は？

acted が述語動詞です。これは動詞 act の過去形で、「振る舞う」という意味を持ちます。目的語は必要としません。主語は She です。

● 従属節「as though she hadn't heard the news.」

この節は as though という接続詞で始まります。接続詞なので後ろに主語＋動詞がきますね。
動詞は？
hadn't heard が従属節の述語動詞です。hadn't は had not の短縮形で、過去完了の否定を示し、heard は「聞く」という意味です。目的語を取ります。ここでは「～を聞いていなかった」という意味になっています。
目的語は？
the news ですね。
主語は？
従属節の主語も she です。

従属節 as though she hadn't heard the news は、彼女の振る舞いの仮定された理由や状況を説明しています。

副詞節の場合

Anthony gets nervous whenever he speaks in public.

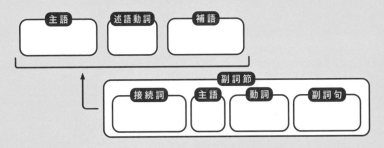

文を4つの要素に分解して、
それぞれがどのように作用しているかを考えよう。

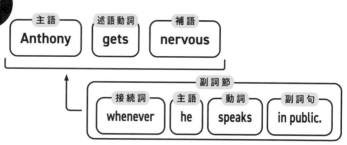

主語	述語動詞	補語
Anthony	gets	nervous

副詞節

接続詞	主語	動詞	副詞句
whenever	he	speaks	in public.

訳 アンソニーは人前で話す時はいつも緊張する。

この文は従属節を含む複文です。従属接続詞 whenever があることからそう判断します。主節と従属節があるのです。

● **述語動詞＋主語は？**

gets は動詞 get の三人称単数現在形です。主語は Anthony です。

● **目的語なのか補語なのか？**

nervous は形容詞なので補語です。get が補語に形容詞を取る時「～になる」という意味を持ちます。

● **従属節「whenever he speaks in public」**

whenever は従属接続詞で、時間や条件を示す従属節を作ります。
動詞は？
speaks ですね。speak は目的語を取る時と取らない時があります。
主語は？
従属節の主語は he で、Anthony を指す三人称単数の代名詞です。
目的語は？
speaks の後ろには in public がありますから、目的語はないと判断します。
それ以外の要素は？
in public は前置詞 in と名詞 public から成る前置詞句で、話す状況を示しています。

問題
56

副詞節の場合

The movie was so interesting that I watched it twice.

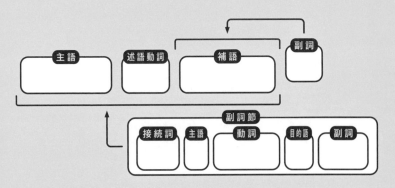

文を5つの要素に分解して、
それぞれがどのように作用しているかを考えよう。

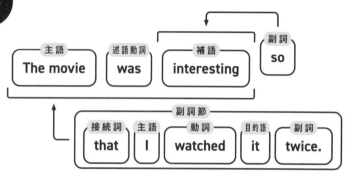

訳 その映画はとても面白かったので、2回見ました。

英語の文中にある that は、他に接続詞の働きをしそうなものがないので接続詞だと判断していいでしょう。

● 述語動詞＋主語は？

was が述語動詞です。これは be 動詞の過去形で、うしろに補語（名詞か形容詞）を必要とします。The movie が主節の主語です。

● 補語は？

so interesting は形容詞句で、映画の特性を説明しています。so は強調を示し、interesting は「興味深い」という意味です。

● 従属節「that I watched it twice」

この節は that という接続詞で始まり、映画の面白さがどのような結果をもたらしたかを説明しています。結果節とも言います。

動詞は？

watched が結果節の述語動詞です。これは動詞 watch の過去形で、行われた行動（映画を見たこと）を表しています。

主語は？

I が結果節の主語です。これは結果節内での行動の主体を表します。

目的語は？

it は結果節の目的語で、ここでは the movie を指しています。

副詞は？

twice は頻度を示す副詞で、映画が見られた回数（2回）を示しています。

副詞節の場合

She speaks loudly so that everyone can hear her.

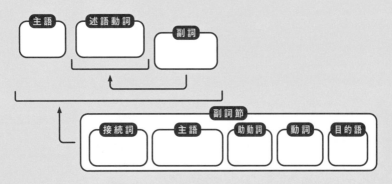

文を4つの要素に分解して、
それぞれがどのように作用しているかを考えよう。

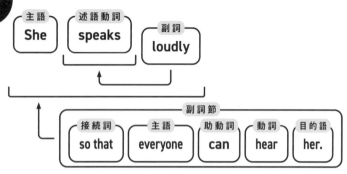

訳 彼女はみんなに聞こえるように大声で話します。

主語と動詞が2セットずつあるということはどこかに接続詞があるということ。so that が従属接続詞でその後ろに主節の目的を伝える副詞節が続きます。

● 述語動詞＋主語は？

speaks が述語動詞です。これは動詞 speak の現在形で目的語を取る場合と取らない場合があります。She が主節の主語です。

● 目的語は？

speaks の後ろは loudly という副詞で、動詞 speaks を修飾し、彼女がどのように話すか（大声で）を示しています。ですので、目的語はありません。

● 従属節「so that everyone can hear her.」

so that という接続詞で始まり、彼女が大声で話す理由や目的を説明しています。従属接続詞なので後ろには主語と動詞がきます。
動詞は？
can hear が従属節の述語動詞です。can は助動詞で可能性を示し、hear は主動詞で、聞くという行動を表しています。
主語は？
everyone が主語です。

Level

5

長い形容詞の
働きを攻略しよう

「となりのおじいさんが長年住んでいた家を売った」
という文があったとしましょう。

文の核である主語と述語動詞はどれですか？

おじいさんが主語、売ったが述語動詞ですね。
そしておじいさんが売ったものは家です。どんな家？

おじいさんが長年住んでいた家ですね。

「家」を修飾しているのが「おじいさんが長年住んでいた」というもの。

「家」は名詞ですからそれを修飾するのは形容詞。
そしてその形容詞の役割をするのが文のようなかたまりですね。
これを形容詞節と言います。

この形容詞節は名詞を修飾するために頻繁に登場するので、この章
ではこれがどのように働いているのかを学びましょう。

長い形容詞の場合

Anyone who wants to join the club is welcome.

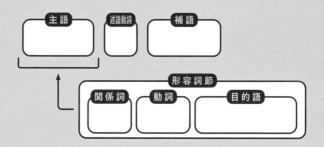

文を4つの要素に分解して、
それぞれがどのように作用しているかを考えよう。

節＝主語や動詞を含む語句のかたまり

訳 クラブに参加したい人は誰でも歓迎です。

● 述語動詞は？

この文には wants と is が動詞として見受けられます。述語動詞がどっちなのか見極めたいわけですが、文中に who がありますね。ここに注目することが必要です。

名詞の後ろに who があるとその who の後ろには動詞があって形容詞節を作ります。その形容詞節は形容詞の役割をして、直前の名詞を修飾します。この who を関係代名詞と言います。
節とは主語と動詞を含みながら１つの意味を形成するかたまりのことでしたね。

● 主語は？

最小単位の主語は Anyone＝誰でもです。少し大きな視点で見ると Anyone who wants to join the club と見ることもできます。

Anyone を who wants to join the club が修飾しています。
「誰でも＋クラブに参加したい人」となって、「クラブに参加したい人は誰でも」という意味になります。この who から club までを関係節と言います。直前の名詞を修飾する形容詞の働きをします。

● 主語と述語動詞で文は完結するか？

Anyone is となるので、「誰でもです」と中途半端になりますから、is が必要とする補語が足りないことがわかりますね。補語は名詞か形容詞となりますが、ここでは welcome（歓迎だ）という形容詞がそれに当たります。

問題
59

長い形容詞の場合

The store where I buy groceries is close to my house.

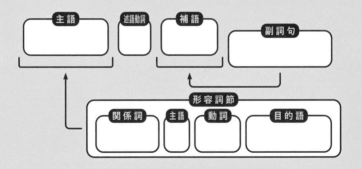

文を5つの要素に分解して、
それぞれがどのように作用しているかを考えよう。

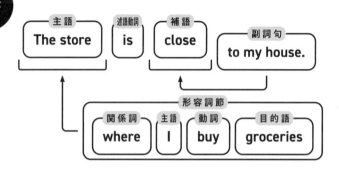

訳 食料品を買う店は家の近くにある。

この文も buy や is といった動詞が 2 つあるので接続詞の存在を確認します。この文では、「The store」(その店) という主語に「where I buy groceries」(私が食料品を買う場所) という関係詞節が追加されています。関係詞には接続詞の機能が含まれています。関係詞節は、主節の主語「The store」に関連する追加情報を提供し、その店が特に食料品を購入する場所であることを説明しています。

● 述語動詞＋主語は？
is は動詞 be の三人称単数現在形です。後ろに補語を取ります。主語は The store です。

● 補語は？
close to my house は形容詞句で、店の場所を家の近くとして詳しく説明しています。

● 従属節「where I buy groceries」
関係詞は？
where は関係詞で、直前にある名詞の場所に関しての情報を加えます。
動詞＋主語は？
動詞は buy で、目的語を必要とします。主語は I です。
目的語は？
groceries は名詞で、購入される商品を指しています。

長い形容詞の場合

I met a person whose ideas are very innovative.

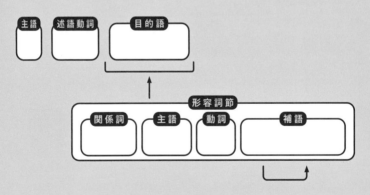

文を4つの要素に分解して、
それぞれがどのように作用しているかを考えよう。

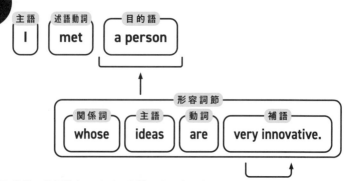

主語	述語動詞	目的語
I	met	a person

形容詞節

関係詞	主語	動詞	補語
whose	ideas	are	very innovative.

訳 非常に革新的なアイデアを持つ人に会った。

文を眺めると、主語＋動詞のセットが2つあります。今回は whose が接続詞の働きを含む関係詞です。その前後を切り分けて考えてみましょう。

● 述語動詞＋主語は？
met は動詞 meet の過去形です。主語は I です。

● 目的語は？
a person は名詞句で、出会った人を指しています。

● 関係詞節「whose ideas are very innovative」
関係代名詞は？
whose は直前にある名詞を受けて、「その人の主語が動詞だ（する）」という従属節を構築します。
動詞は？
are は動詞 be の複数形現在形です。後ろに補語を取ります。
主語は？
ideas は名詞でここでの主語です。
補語は？
very innovative は形容詞句で、アイデアの特性を表しています。

この文では、I met a person（私は人に会った）という主節に whose ideas are very innovative（その人のアイデアは非常に革新的である）という関係節が追加されています。

長い形容詞の場合

Meru returned to the town where she was born.

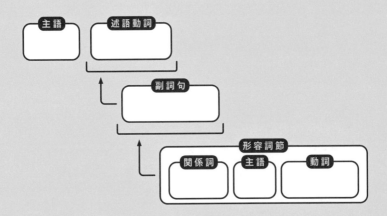

| 主語 | 述語動詞 |
| 副詞句 |
| 形容詞節 |
| 関係詞 | 主語 | 動詞 |

文を4つの要素に分解して、
それぞれがどのように作用しているかを考えよう。

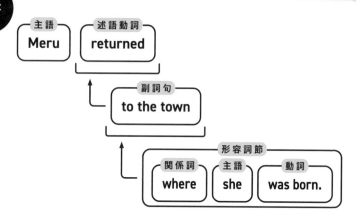

訳 メルは自分が生まれた町に戻った。

● 述語動詞は？

returned が述語動詞です。この動詞は主語 Meru の行った行為を表しています。

● 主語は？

Meru が主語です。

● 主語と述語動詞で文は成立するか？

主語 Meru と述語動詞 returned だけで基本的な文が成立します。その意味は「メルは戻った」または「メルが帰ってきた」となります。

● その他の要素は？

to the town は前置詞句で、彼女が戻った場所（町）を指しています。
where she was born は関係詞節で、どの町に戻ったのかを詳しく説明しています。この節は the town を修飾し、彼女が生まれた町であることを示しています。
where は関係詞で、節を導いていますね。she was born では she が主語で、was born が動詞です。

したがって、この文は「メルは自分が生まれた町に戻った」という意味になります。

問題

62

長い形容詞の場合

The book that you gave me is very interesting.

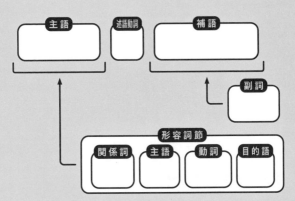

文を5つの要素に分解して、
それぞれがどのように作用しているかを考えよう。

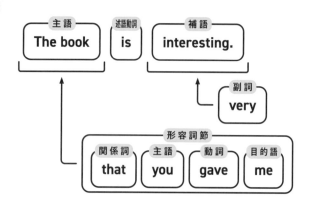

訳 あなたが私にくれた本はとても面白いです。

● 述語動詞は？

gave と is の２つの動詞がありますが that がありますね。that は文中で関係代名詞の役割をして gave は関係節 that you gave me の中の動詞です。この関係節は The book をより具体的に説明していますが、文全体の述語動詞ではありません。

● 主語は？

The book がこの文の主語です。直後の that you gave me が The book を修飾しているので、The book that you gave me までを主語のかたまりと見ることもできます。

「その本＋あなたが私にくれた→あなたが私にくれた本」（パターン：名詞（物）＋which/that）という意味になります。

● 主語と述語動詞で完結するか？

動詞が be 動詞なので後ろに補語が必要ですね。
interesting は形容詞で「興味深い」という意味です。very は副詞で、interesting を強調しています。

長い形容詞の場合

The book whose cover is green is mine.

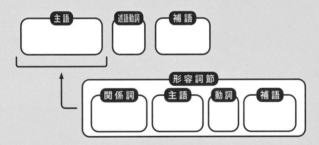

文を4つの要素に分解して、
それぞれがどのように作用しているかを考えよう。

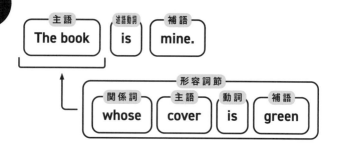

訳 緑色の表紙の本は私のものです。

● 述語動詞は？

2つ目の is が述語動詞です。これは be 動詞の現在形です。

● 主語は？

最小単位での主語は The book です。

しかし、The book の直後にある whose cover is green は形容詞節で、主語 The book を修飾しています。whose は所有を示す関係代名詞で、本の「カバー」が緑色であることを説明しています。

ですので、大きく捉えると The book whose cover is green がこの文の主語です。

● 主語＋述語動詞で完結するか？

しません。述語動詞は be 動詞の is なので補語を必要とします。補語は mine（私のもの）ですね。

文全体の意味は、「緑色のカバーを持つその本は私のものです」となります。形容詞節 whose cover is green は、どの本が話者のものであるかを特定するために使われています。

長い形容詞の場合

The summer when we traveled across Europe was unforgettable.

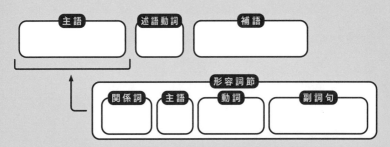

文を4つの要素に分解して、
それぞれがどのように作用しているかを考えよう。

unforgettable＝忘れることのできない

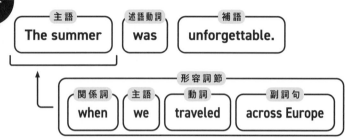

訳 ヨーロッパを横断した夏は忘れられないものでした。

● 述語動詞は？
was が述語動詞です。通常、補語を必要とします。

● 主語は？
最小単位で捉えると、The summer が主語。大きく見ると The summer when we traveled across Europe が主語です。

when は関係詞で、直前の名詞を修飾する形容詞節を導きます。
The summer ＋ when we traveled across Europe
「その夏＋私たちがヨーロッパを横断した時→私たちがヨーロッパを横断した夏」という意味になります。

● 主語と述語動詞で文は成立する？
主語 The summer when we traveled across Europe と述語動詞 was なので、be 動詞である was は補語を必要とします。補語は unforgettable ですね。

● 関係副詞節とは？
when we traveled across Europe は関係副詞節で、どの夏を指しているのかを詳しく説明しています。
when は関係副詞で、時間に関する節を導いています。we traveled across Europe の中では we が主語で、traveled across Europe が動詞です。

問題

65

長い形容詞の場合

The teacher who taught us last year was very kind.

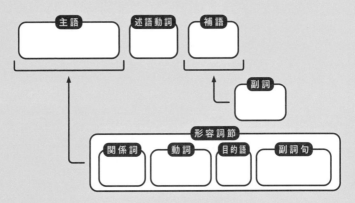

文を5つの要素に分解して、
それぞれがどのように作用しているかを考えよう。

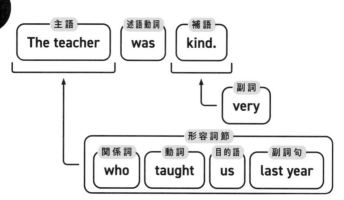

主語　The teacher　述語動詞　was　補語　kind.

副詞　very

形容詞節
関係詞　who　動詞　taught　目的語　us　副詞句　last year

訳 去年私たちを教えた先生はとても親切だった。

この文中には「人を修飾する形容詞節」が入っています。
パターン＝名詞（人）＋ who/that/whom

● **述語動詞は？**
パッと見ると teach の過去形 taught と is の過去形 was があることがわか
ります。ただここでも文中に who があるので、who から後ろのかたまり
が形容詞節となり、who の直前の teacher を修飾する役割をしていると考
えます。
ですからこの文における述語動詞は was ですね。

● **主語は？**
最小単位だと The teacher、先生です。少し大きく見ると The teacher who
taught us last year までを主語と考えていいですね。The teacher ＋ who
taught us last year。

先生＋去年私たちに教えてくれた人→去年私たちに教えた先生となります。

● **主語と動詞で文は完結するか？**
述語動詞が be 動詞ということは後ろに補語が必要ですね。very kind がそ
の補語に当たります。
kind（親切な）が、形容詞なので補語の役割をして、very という副詞が
kind に意味をプラスしています。

問題
66

長い形容詞の場合

This is the reason why Timothy was upset.

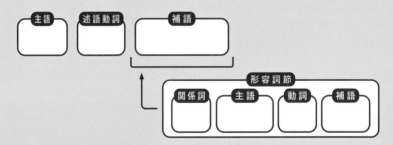

文を4つの要素に分解して、
それぞれがどのように作用しているかを考えよう。

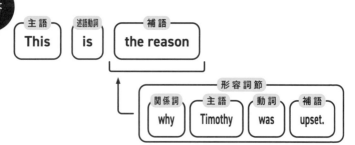

主語	述語動詞	補語
This	is	the reason

形容詞節

関係詞	主語	動詞	補語
why	Timothy	was	upset.

訳 これがティモシーが怒っていた理由です。

● 述語動詞は？

is が述語動詞です。通常、補語を必要とします。

was もありますが、why が関係詞でそれ以降が形容詞節の役割をしているので、直前の reason を修飾します。why 以降の Timothy was upset の中での主語が Timothy、動詞が was、was の補語が upset（怒っている）という形容詞です。

● 主語は？

This が主語です。この主語は文脈によって、話し手が指している特定の事柄や状況です。

● 主語＋述語動詞で文は成立するか？

主語 This と述語動詞 is なので、be 動詞 is の補語が必要ですね。補語は the reason です。

つまり、この文の核は This is the reason ＝「これが理由です」ということになります。そして why 以降で、the reason を詳しく説明しているのです。

長い形容詞の場合

The author, whom I admire greatly, will be signing books tomorrow.

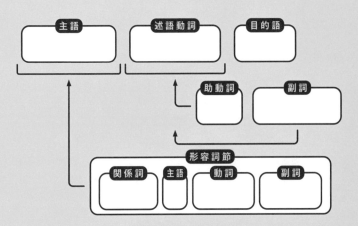

文を6つの要素に分解して、
それぞれがどのように作用しているかを考えよう。

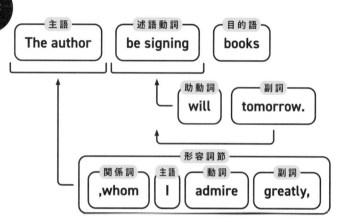

訳 明日、私が敬愛する著者がサイン会を行う。

名詞＋who や whom があると、それは接続詞の働きを含む関係詞であると考えましょう。

● 述語動詞＋主語＋目的語＋副詞は？
will be signing は動詞 sign の未来進行形です。主語は The author、目的語は books です。副詞は tomorrow です。

● 関係節「whom I admire greatly」
whom は関係代名詞で、直前の The author を修飾する関係節を作ります。
動詞は？
admire は動詞で、「尊敬する」という意味です。通常目的語を取ります。
主語は？
I で、一人称単数です。
その他の要素は？
greatly は副詞で、動詞 admire を修飾し、どの程度尊敬しているかを強調しています。

この文では、The author（その作家）という主語に対して、whom I admire greatly（私が非常に尊敬している）という関係節が追加情報を提供しています。

長い形容詞の場合

The park, which is located near the river, is a great place for picnics.

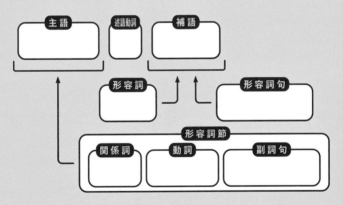

文を6つの要素に分解して、
それぞれがどのように作用しているかを考えよう。

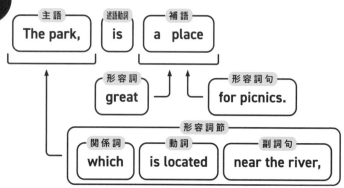

訳 川の近くにあるこの公園は、ピクニックには絶好の場所だ。

文中に動詞 is が二つあるので接続詞の役割ができるものを見つけます。
which があって、これは関係詞として接続詞の役割を含みます。
which が導く従属節は直前にある名詞を修飾する役割を持ちます。

● 述語動詞は？
is は動詞 be の三人称単数現在形です。補語を必要とします。

● 主語は？
主語は The park です。

● 補語は？
place ですね。a place を修飾するために great や for picnics があり、a great place for picnics となっています。

● 関係節「which is located near the river」
which は関係代名詞で、直前にある名詞 The park に関する情報を加えます。
動詞は？
is located は受動態の動詞句で、公園の場所を示しています。
前置詞句は？
near the river は前置詞 near と名詞 the river から成る前置詞句です。

6

長い名詞の
働きを攻略しよう

「彼女が結婚していたことを知りませんでした」

という文があった時、主語と動詞は何でしょう。
主語は書いてはいないけれど「私」であることは明白で、述語動詞
は「知りませんでした」、ですね。

で、何を知らなかったのか、その対象である目的語は「彼女が結婚
していたこと」です。
この中にも主語と動詞が登場しますがあくまでも目的語の一部とし
て、です。

このように主語と動詞を伴いながらも全体で名詞の働きをするもの
を名詞節と言います。

名詞節がどのように文中に出てくるのかのパターンを把握しておか
ないと文を読み取れないということになってしまう可能性があるの
で、ここでは名詞節がどのように登場するのかを学びましょう。

名詞節の場合

I know that she is happy.

文を3つの要素に分解して、
それぞれがどのように作用しているかを考えよう。

主語	述語動詞	接続詞	主語	動詞	補語
I	know	that	she	is	happy.

（目的語）

訳 彼女が幸せなのは知っている。

● 述語動詞は？

know と is の 2 つの動詞が見えますね。どちらかが文の核となる述語動詞なのですが、どう見抜けばいいでしょうか。

know と is はそれぞれにどんな働きをする動詞なのかを考えるといいですね。
know ＝知っているという動詞は目的語である「何を」を必要とします。
is という be 動詞は後ろに名詞か形容詞である補語を必要としますね。

● 主語は？

主語は I となります。

主語の I と述語動詞の know が核となりますが、know は目的語がないと機能しないので、目的語が必要です。
その目的語の役割をする名詞のかたまりを作るのが that ですね。
that she is happy で「彼女が幸せだということ」の意味になり、名詞節ですね。

● 目的語は？

know の後ろにある that には色んな機能がありますが、that の後ろにも主語と動詞があることから that が名詞節を形成しているのではないかと考えます。that ＋主語＋動詞で「主語が〜すること」という意味を作ります。is の後ろには明確に happy という形容詞があって、それが補語になっています。
つまり、動詞は Know となります。

問題
70

長い目的語の場合

She said that she was feeling tired.

| 主語 | 述語動詞 | 接続詞 | 主語 | 動詞 | 補語 |

目的語

文を3つの要素に分解して、
それぞれがどのように作用しているかを考えよう。

主語	述語動詞	接続詞	主語	動詞	補語
She	said	that	she	was feeling	tired.

目的語

訳 彼女は疲れていると言っていました。

動詞の said と was feeling があることから接続詞の存在を確認します。that ですね。

● 述語動詞は？
said は動詞 say の過去形で、通常目的語を取ります。

● 主語は？
主語は She です。

● 目的語は？
that が導く名詞節が目的語の役割を果たします。

● 従属節「that she was feeling tired」
that は従属接続詞で、「主語が～すること」という意味を作ります。
動詞は？
was feeling は動詞 feel の過去進行形です。feel は補語を取ります。
主語は？
従属節の主語は she です。
補語は？
tired は形容詞で、feel の補語です。

この文では、最初の She が何かを言ったことを示し、その具体的な内容は that に続く従属節で表されています。従属節 that she was feeling tired は、彼女が疲れていると感じていることを間接話法で示しています。

長い補語の場合

The problem is that we are late.

文を3つの要素に分解して、
それぞれがどのように作用しているかを考えよう。

主語	述語動詞	補語			
		接続詞	主語	動詞	補語
The problem	is	that	we	are	late.

訳 問題は私たちが遅れていることです。

● 述語動詞は？
is は動詞 be の三人称単数現在形です。補語を必要とします。

● 主語は？
主語は The problem です。

● 名詞節「that we are late.」
接続詞 that が導く名詞節が is の補語です。
The problem = that we are late という意味を作ります。
「that＋主語＋動詞＝主語が動詞すること」という意味になります。

動詞は？
are は動詞 be の一人称複数現在形です。補語を必要とします。

主語は？
名詞節の主語は we です。

補語は？
late は形容詞で、彼らが遅れている状態を示しています。

この文では、「The problem」（問題）が何であるかを「that we are late」
（私たちが遅れているということ）という名詞節が説明しています。名詞節
は、問題の具体的な内容を提供し、主節の動詞 is によって結びつけられて
います。

問題
72

長い主語の場合

That he forgot her birthday upset her.

文を3つの要素に分解して、
それぞれがどのように作用しているかを考えよう。

訳 彼は誕生日を忘れて彼女を怒らせた。

● 述語動詞は？

いきなり文が That で始まり、ざっと文を見ると動詞が forgot、upset と 2 つあることがわかります。

文頭に That があることから、That が名詞節を作っている可能性を疑いましょう。それで解釈してみて意味がわかるなら、それでバッチリですからね。

この文では upset が述語動詞となります。

● 主語は？

upset が動詞なので、That he forgot her birthday という that が導いた名詞節がそのまま主語だと判断できます。「主語が〜すること」という意味のかたまりをつくります。

「彼が彼女の誕生日を忘れたこと」のかたまりが主語ですね。

● 目的語は？

upset の後ろに her があるので、her が upset の目的語だという風に考えていいですね。

長い目的語の場合

I don't know which route is the fastest.

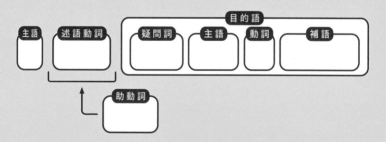

文を4つの要素に分解して、
それぞれがどのように作用しているかを考えよう。

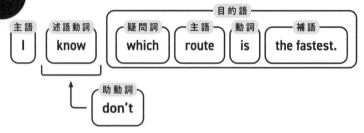

主語 — I
述語動詞 — know
目的語
　疑問詞 — which
　主語 — route
　動詞 — is
　補語 — the fastest.
助動詞 — don't

訳 どのルートが最速なのかは分からない。

接続詞の働きを含む疑問詞 which がある場合、名詞節を導きます。

● 述語動詞は？
don't know は、動詞 know に否定を加える助動詞 don't を含むフレーズです。know は通常目的語を取ります。

● 主語は？
主語は I です。

● 目的語は？
目的語は which が導く名詞節がその役割を担っています。「which ＋主語＋動詞」で「どの主語が動詞なのか（するのか）ということ」という名詞の意味を持つかたまりを形成します。

● 名詞節「which route is the fastest」
動詞は？
is は動詞 be の三人称単数現在形です。補語を取ります。
主語は？
名詞節の主語は route です。
補語は？
the fastest は形容詞句で、どの経路が最も速いかを表しています。

長い目的語の場合

She explained how the machine worked.

文を3つの要素に分解して、
それぞれがどのように作用しているかを考えよう。

主語	述語動詞	目的語		
		疑問詞	主語	動詞
She	explained	how	the machine	worked.

訳 彼女はその機械がどのように機能するかを説明した。

● 述語動詞は？

explained は動詞 explain の過去形で、通常目的語を取ります。

● 主語は？

主語は She です。

● 目的語は？

explain の目的語は how が導く名詞節です。「how＋主語＋動詞」で「どのように主語が動詞するかということ」という意味を作ります。

● 名詞節「how the machine worked.」

動詞は？
worked は動詞 work の過去形です。
主語は？
名詞節の主語は the machine です。

この文では、最初の「She」が何かを説明したことを示し、その具体的な内容は「how the machine worked」（機械がどのように機能したか）という名詞節で表されています。名詞節は、機械の機能方法に関する説明を伝える間接話法で使われています。

長い目的語の場合

The question is whether we can finish on time.

文を3つの要素に分解して、
それぞれがどのように作用しているかを考えよう。

主語	述語動詞	補語				
		疑問詞	主語	助動詞	動詞	副詞句
The question	is	whether	we	can	finish	on time.

訳 問題は、私たちが時間通りに終われるかどうかです。

● 述語動詞は？

is が述語動詞です。be 動詞の現在形です。

● 主語は？

The question が主語です。

● 主語と述語動詞で完結するか？

しません。述語動詞が be 動詞の is なので、補語が必要ですね。

● 補語は？

補語になりうるのは名詞か形容詞の働きをするものですが、疑問詞の whether が名詞節を作る機能を持っています。つまり、この文では whether we can finish on time は補語です。

whether が名詞節を作る時は、その節の中において「主語が動詞するかどうかということ」という意味のかたまりを形成します。
whether の後ろの we can finish on time においては we が主語で、can finish が動詞句、on time が finish を修飾する副詞句です。

つまり、
The question = whether we can finish on time.
となるのです。

問題
76

長い目的語の場合

I don't understand why he acted so strangely.

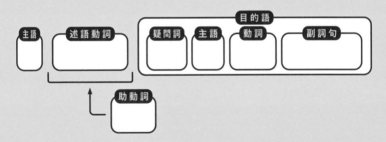

文を4つの要素に分解して、
それぞれがどのように作用しているかを考えよう。

訳 彼がなぜそんなに奇妙な行動をとったのか理解できません。

● 述語動詞は？

understand と acted の2つが述語動詞の候補になりますが、もうここまで来れば why という疑問詞があることに気づくでしょう。

そうです、why は疑問文を作っているのではなく、名詞節を作り上げているのです。
としたら why の後ろの acted はこの文の述語動詞にはなりません。

● 主語は？

understand が述語動詞だとわかれば、その前にある I がこの文の主語ですね。

● 目的語は？

主語 I ＋動詞 understand だけでは文としては成立せず、understand が目的語を取るので、why 以下が名詞節になりますね。
why he acted so strangely で「なぜ＋彼が＋振る舞ったのか＋そんなに＋奇妙に」から「彼がなぜそんなに奇妙な行動をとったのか」ということとなります。

長い目的語の場合

He explained what had happened.

文を3つの要素に分解して、
それぞれがどのように作用しているかを考えよう。

主語	述語動詞	目的語	
		疑問詞	動詞
He	explained	what	had happened.

訳 彼は何が起こったのかを説明した。

● 述語動詞は？

explainの過去形のexplainedとhappenの過去完了形のhad happened が見えますね。

どっちかが述語動詞、文の核となるのですが、ここでも文中の what が名詞節を形成しています。ということは、what の後ろの had happened は述語動詞ではないということになります。

what had happened は名詞節を形成し、explained の目的語として機能します。ということは explained が述語動詞ですね。

● 主語は？

シンプルですが He です。

つまり、主語 I +述語動詞 explained +目的語 what had happened となります。

● 補足

ここでは explain は過去形で explained、happen は過去完了形の had happened となっています。説明したタイミングよりも起こったタイミングの方がより過去なので、時間にずれを示すために過去完了形が使われているのです。

長い目的語の場合

No one knows if she will accept the job offer.

文を3つの要素に分解して、
それぞれがどのように作用しているかを考えよう。

主語	述語動詞	目的語				
		疑問詞	主語	助動詞	動詞	目的語
No one	knows	if	she	will	accept	the job offer.

訳 彼女がこの仕事のオファーを受けるかどうかは誰にもわからない。

● 述語動詞は？

knows は動詞 know の三人称単数現在形です。通常目的語を必要とします。

● 主語は？

主語は No one で、「誰も～ない」という意味を持ちます。

● 目的語は？

接続詞 if が導く名詞節が目的語の役割をしています。「if＋主語＋動詞」で「主語が動詞するかどうかということ」という意味になります。

● 名詞節「if she will accept the job offer.」

動詞は？
accept が動詞です。通常目的語を取ります。
主語は？
名詞節の主語は she です。
目的語は？
the job offer は名詞句で目的語になります。

この文では、No one knows（誰も知らない）という主節があり、その後に if she will accept the job offer（彼女が仕事の申し出を受けるかどうか）という名詞節が続きます。名詞節は、誰もが不確かな情報や事実を示しており、主節の動詞 knows に直接関連しています。

長い主語の場合

How the story ends is quite interesting.

文を4つの要素に分解して、
それぞれがどのように作用しているかを考えよう。

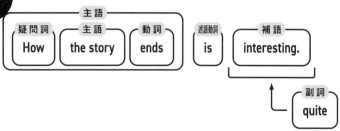

訳 その物語がどのように終わるかはとても興味深い。

● 述語動詞は？

ends も is も動詞ですが、ここでは is が述語動詞になります。なぜなら文中に how があるからです。

How といえば、How are you? のように疑問詞としての How は通常、疑問文（質問）を導きます。しかし今回はクエスチョンマークがないので、How が疑問文を作っているわけではない、と考えることができます。

How にはいくつかの機能があるのですが、名詞節を形成することもできるのです。

● 主語は？

How が名詞節を作るので、その名詞節の主語と動詞が必要です。つまり、「How（どのように）＋the story（物語が）＋ends（終わる）のかということ＝どのように物語が終わるのかということ」がこの文の主語なのです。

● 補語は？

How the story ends が文の主語、is が述語動詞ですから、is は後ろに補語を必要とします。is はその前後がイコールだということを伝えるための動詞でしたね。

How the story ends = quite interesting ということで、quite interesting が補語です。

補語には形容詞か名詞が来ますから、ここでは interesting が補語ですね。直前にある quite は interesting の度合いを説明する副詞で、「かなり、とても」という意味を持ちます。

長い主語の場合

What you think matters to us.

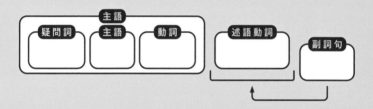

文を3つの要素に分解して、
それぞれがどのように作用しているかを考えよう。

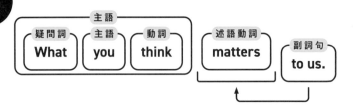

疑問詞	主語 主語	動詞	述語動詞	副詞句
What	you	think	matters	to us.

訳 あなたが何を考えているかは私たちにとって重要です。

what には疑問文を作る疑問詞の役割と、名詞節を形成する接続詞の役割があります。

● 述語動詞は？

think と matters の 2 つがありますね。どちらかがこの文においての述語動詞です。

ここでは matters が述語動詞になります。「重要である」または「意味がある」という意味の動詞です。

見抜き方について、疑問詞である What が文頭にありますが、文末にクエスチョンマークがないですね。

この what は疑問文を作る疑問詞の what ではなく、名詞節を作る疑問詞の what なのです。

● 主語は？

上記のことから What you think というかたまりで名詞節を作っています。このかたまりで名詞の働きをするわけです。

● その他は？

What you think matters でも文は完結しますが、今回は後ろに to us がありますね。前置詞の to と名詞の us で、「私たちにとって」という意味の副詞句を形成しています。

長い主語の場合

Whether we will attend the event depends on the weather.

文を3つの要素に分解して、
それぞれがどのように作用しているかを考えよう。

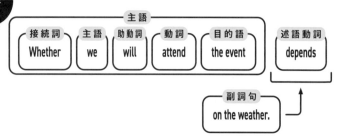

訳 私たちがイベントに出席するかどうかは天気次第です。

● 述語動詞は？

depends が述語動詞です。will attend があって一見述語動詞に見えますが、文頭に Whether があります。whether は文中で名詞節を形成します。

● 主語は？

Whether we will attend the event が主語です。

ここでは whether という名詞節を導く接続詞は「主語が～するかどうかということ」という意味のかたまりを作るので、「Whether we will attend the event ＝私たちがイベントに出席するかどうかということ」が主語の役割を担います。

● 主語と述語動詞で文は成立する？

はい、主語 Whether we will attend the event と述語動詞 depends だけで基本的な文が成立します。この基本構造は「私たちのイベントへの出席は依存する」という意味になります。

● その他の要素は？

on the weather は副詞句で、述語動詞 depends に続いて、何に依存するかを示しています。この句は depends の目的語として機能し、「天気」に依存することを示しています。

長い主語の場合

Who will lead the team has not been decided yet.

文を3つの要素に分解して、
それぞれがどのように作用しているかを考えよう。

主語

| 疑問詞 | 助動詞 | 動詞 | 目的語 |
| Who | will | lead | the team |

述語動詞
has not been decided

副詞
yet.

訳 誰がチームを率いるかはまだ決まっていません。

文頭に Who がありますが文末にクエスチョンマークがないので名詞節を作ります。Who ＋動詞で「誰が〜するかということ」という意味になります。

● 述語動詞は？

has not been decided ですね。
been decided は動詞 decide の過去分詞で、受動態の構造を形成しています。

● 助動詞は？

has は has not been decided の受動態構造の一部で助動詞の役割をしています。

● 主語は？

この文では、Who will lead the team が名詞節として主語の役割を果たしています。「誰がチームを率いるのかということ」という意味になっています。

● その他の要素は？

yet は、まだ何かが起こっていないことを示す副詞です。

この文では、Who will lead the team（チームを率いるのは誰か）という名詞節が主語として機能し、その決定がまだ行われていないことを has not been decided yet で表現しています。

Level

7

イレギュラーな
英文も
本当はシンプル

↘

ここまではいかがだったでしょうか。
英文が成り立っているルールを理解していただけたのではないでしょうか。

とは言え、ここまで見てきたルールが適用されていないように感じる英文に出くわすこともあるでしょう。

イレギュラーなパターンですね。

しかし実はイレギュラーなものもそのパターンを知っておけば、それほど難しくはなく、シンプルだと言えます。

ここまでは平叙文ばかりでしたが疑問文や感嘆文などもありますから、それらがどういうルールで組み立てられているのかを見ていければと思います。

基本的なルールを知れば何も怖いものはありません。
さぁ、ラストスパートです。

問題

83

疑問文の場合

Do you remember when her birthday is?

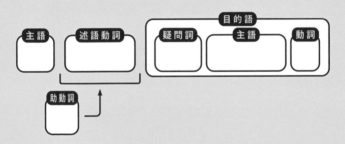

文を4つの要素に分解して、
それぞれがどのように作用しているかを考えよう。

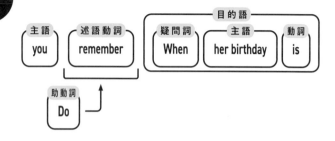

訳 彼女の誕生日を覚えていますか?

Do you remember when her birthday is? という文は、助動詞の do で文が始まり、文末にはクエスチョンマークがあります。疑問文ですね。

● 述語動詞＋主語は？
remember はこの文の述語動詞で「覚えている」という意味で、通常目的語を必要とします。そして、主語は You ですね。

● 目的語は？
remember の直後に when がきていて、この when が疑問詞として名詞節を形成します。
when が名詞節を作る時は「when＋主語＋動詞」で「いつ主語が動詞するかということ」という意味になりますね。

● 従属節「when her birthday is」
動詞は？
is です。is は動詞 be の三人称単数現在形で、存在や状態を表しています。
主語は？
her birthday ですね。

この文、Do you remember when her birthday is? では、話し手が質問をしている相手に対して、「彼女の誕生日がいつであるか」を覚えているかどうかを尋ねています。質問は、相手の記憶に関する情報を求めています。

疑問文の場合

Would you like to go for a walk in the park?

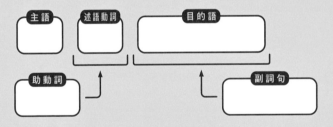

文を5つの要素に分解して、
それぞれがどのように作用しているかを考えよう。

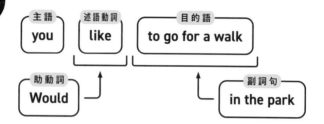

訳 公園に散歩に行きませんか？

文頭の Would によって、疑問文をつくり、丁寧な提案や申し出を示す文になります。

● 述語動詞は？
like は動詞で、「好む」「したい」という意味です。目的語を取ります。

● 目的語は？
to go for a walk のかたまりですね。to＋基本形動詞で「〜すること」という意味を作る不定詞です。go for a walk で「散歩する」という意味でよく使われるので覚えておきましょう。

● その他の要素は？
in the park は前置詞 in と名詞 the park の組み合わせで、散歩する場所（公園）を指しています。

この文、Would you like to go for a walk in the park? では、話し手が質問をしている相手に対して、公園で散歩をしたいかどうかを丁寧に尋ねています。この種の表現は、相手に対して選択肢を与えつつ、何かを提案する際によく使われます。

問題

85

倒置文の場合

Never have I eaten such a big cake.

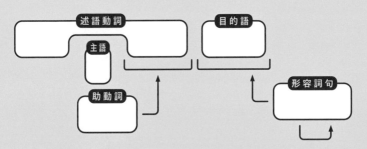

文を5つの要素に分解して、
それぞれがどのように作用しているかを考えよう。

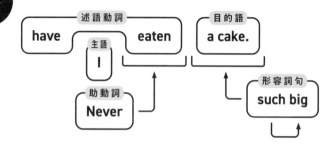

訳 こんなに大きなケーキを食べたのは初めてだ。

いきなり文頭に Never がありますね。
Never は副詞で、これまでに一度もないことを表します。否定や準否定の副詞が置かれた場合には、文頭に置かれることで倒置が生じます。

Never have I eaten such a big cake. という文は、倒置（inversion）を用いた文です。

● 述語動詞は？
have eaten です。現在完了形を作っています。通常は主語の後に have が来ますが、倒置により「Never」の直後に置かれています。
eaten は動詞 eat の過去分詞形です。通常目的語を必要とします。

● 主語は？
主語は I で、一人称単数の主格代名詞です。倒置により、助動詞 have の後に置かれています。

● 目的語は？
such a big cake のかたまりを目的語と見なすことができます。

この文では、Never が文の先頭に置かれることで通常の語順（I have never eaten）が変更され、強調する効果が生まれています。完了形を用いることで、話者が過去にこのような大きなケーキを食べた経験が一度もないことを表現しています。

倒置文の場合

Rarely does she watch TV.

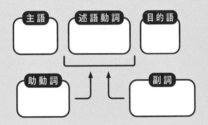

文を5つの要素に分解して、
それぞれがどのように作用しているかを考えよう。

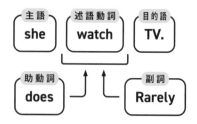

訳 テレビはほとんど見ない。

Rarely は副詞で、文頭に来ていることから倒置が起こります。本文では、あまり頻繁には起こらないことを示していますが、否定や準否定の副詞が文頭にくると倒置が起こるのです。

● 述語動詞は？
watch と does と 2 つあるように見えますが、この文では watch は動詞の基本形で、目的語を必要とします。does は現在時制の助動詞で、ここでは倒置の一部として主語 she の前に来ます。

● 主語は？
she は三人称単数の女性を指す主格代名詞です。倒置によって、助動詞 does の後に位置しています。

● 目的語は？
TV です。

この文、Rarely does she watch TV. では、倒置が使われて、「彼女がテレビを見ることはめったにない」という事実を強調しています。通常の語順（She rarely watches TV.）とは異なり、倒置を使うことで、Rarely が文全体に効果的な強調を与えています。

問題

87

感嘆文の場合

How wonderfully she sings!

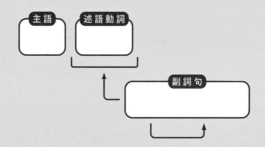

文を3つの要素に分解して、
それぞれがどのように作用しているかを考えよう。

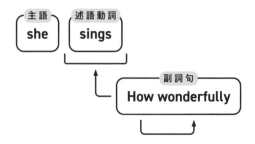

主語	述語動詞
she	sings

副詞句
How wonderfully

訳 なんて素晴らしい歌なんだろう！

How wonderfully she sings! という文は、感嘆を表すための文です。
疑問詞の how で始まっているものの文末にはクエスチョンマークではなくエクスクラメーションマークがあるので感嘆文と判断します。

● 述語動詞は？

sings です。sings は動詞 sing の三人称単数現在形で、「歌う」という意味です。sing は目的語を取る時も取らない時もあります。

● 主語は？

she は三人称単数の女性を指します。

● 目的語は？

今回はありません。

● 残りの要素は？

wonderfully は副詞で、「素晴らしく」という意味です。この副詞は、次に続く動詞 sings の方法を強調しています。そこに疑問詞の how がくっついているので「なんて素晴らしく！」という意味になります。

この文、How wonderfully she sings! では、How が感嘆文の開始を示しており、wonderfully（素晴らしく）が彼女の歌う方法の質を強調しています。文全体で「彼女がどれほど素晴らしく歌うか」に対する強い感動や称賛を表現しています。

問題

88

感嘆文の場合

What a clever idea you have!

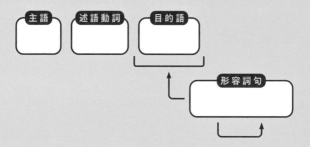

文を4つの要素に分解して、
それぞれがどのように作用しているかを考えよう。

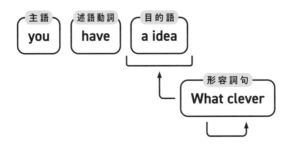

主語 **you**　述語動詞 **have**　目的語 **a idea**

形容詞句 **What clever**

訳 なんて賢いアイデアなんだ！

What は感嘆文を始めるために使われ、驚きや感動の強い感情を表現します。文末にはクエスチョンマークはないので疑問文ではないですし、エクスクラメーションマークがあるので感嘆文と判断します。
感嘆文は倒置が起こるのでそこに意識を向けてみましょう。

● 述語動詞は？
have は動詞で、ここでは「持っている」や「思いついている」という意味で使われます。目的語を取りますね。

● 主語は？
you です。

● 目的語は？
What a clever idea までのかたまりを目的語とみます。

idea は名詞で、思いつきや考えを意味します。この文、What a clever idea you have! では、What が感嘆文の開始を示し、a clever idea（賢い考え）が驚きや感動の対象です。文全体で「あなたが持っている考えがいかに賢いか」に対する強い感動や称賛を表現しています。

比較文の場合

He runs faster than I do.

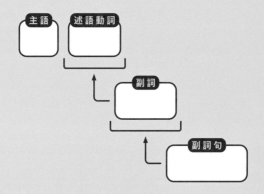

文を4つの要素に分解して、
それぞれがどのように作用しているかを考えよう。

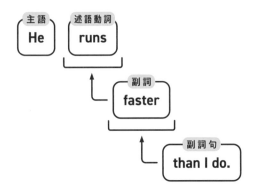

解答

主語　He
述語動詞　runs
副詞　faster
副詞句　than I do.

訳 彼は僕より速く走る。

● 述語動詞は？

runs は動詞 run の三人称単数現在形です。「走る」という意味で使われる時は目的語を取りません。

● 主語は？

主語は He で、三人称単数の男性を指します。

● その他の要素は？

faster は副詞 fast の比較級で、「より速く」という意味を表します。
動詞の run を修飾していますね。
faster と比較級を使っているので何と比較しているのかを確認しましょう。
比較の対象は than I do です。than は比較を導入する接続詞の働きをするので、後ろに主語＋動詞が来ることがあります。

do は助動詞として働いていて、ここでは runs に対応する省略された行為を指しています。完全な形では than I run となりますが、一般的には do で代用されます。

この文では、He（彼）が I do（私がする）よりも faster（速く）run（走る）という比較を示しています。つまり、彼は話者よりも速く走ると言っているわけです。この構造は、二人の走る速さを直接比較しています。

問題

90

比較文の場合

She finds reading books more enjoyable than watching TV.

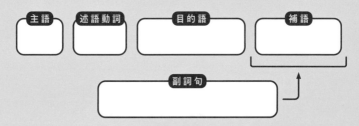

文を5つの要素に分解して、
それぞれがどのように作用しているかを考えよう。

解答

主語	述語動詞	目的語	補語
She	finds	reading books	enjoyable

副詞句
more ... than watching TV.

訳 テレビを見るより本を読むほうが楽しいという。

文中に「more ... than」があるので比較表現が使われている文ですね。

● 述語動詞＋主語は？

finds は動詞 find の三人称単数現在形です。「find ＋目的語＋補語」で「目的語を補語だと思う」「目的語が補語だとわかる」となります。主語は She で、三人称単数の女性を指します。

● 目的語は？

reading books です。「本を読むこと」という意味ですね。

● 補語は？

形容詞の enjoyable（楽しい）があります。
find ＋reading books ＋enjoyable なので「読書を楽しいと思う」という意味になります。

● その他の要素は？

more ... than watching TV がありますね。
than watching TV（テレビを見ることよりも）は前置詞句で、比較の対象となるもう一つの行為を表す副詞の働きをしています。

この文では、She が reading books を watching TV よりも more enjoyable（より楽しい）と感じていることが述べられています。比較級の形容詞 more enjoyable が、二つの活動間の好みの度合いを比較しています。

最上級の場合

This restaurant is the best in the city.

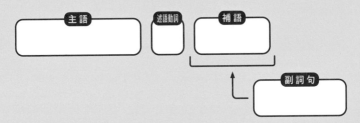

文を4つの要素に分解して、
それぞれがどのように作用しているかを考えよう。

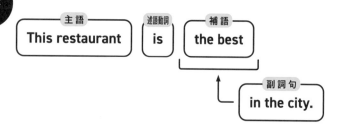

| 主語 | 述語動詞 | 補語 |
| This restaurant | is | the best |

副詞句
in the city.

訳 このレストランはこの街で一番だ。

文中に最上級が使われています。

● 述語動詞は？
is は動詞 be の三人称単数現在形です。通常補語を必要とします。

● 主語は？
主語は This restaurant で、特定のレストランを指す名詞句です。

● 補語は？
the best は形容詞 good の最上級形で、「最も良い」という意味を表します。the は最上級の形容詞の前に常に用いられます。

● その他の要素は？
in the city は前置詞 in と名詞 city から成る副詞句で、比較の範囲または文脈を示しています。この場合、そのレストランがどの地域で「最も良い」かを指定しています。

この文では、This restaurant（このレストラン）が the city（市内）で the best（最も良い）であると述べています。これは、話者がそのレストランを市内で最高だと考えていることを意味しています。

最上級の場合

That was the most exciting movie I have ever watched.

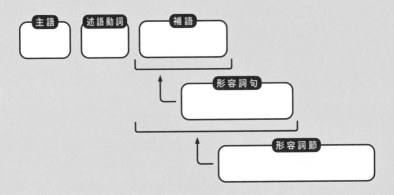

主語	述語動詞	補語

形容詞句

形容詞節

文を5つの要素に分解して、
それぞれがどのように作用しているかを考えよう。

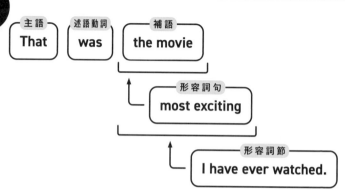

主語
That

述語動詞
was

補語
the movie

形容詞句
most exciting

形容詞節
I have ever watched.

訳 今まで観た映画の中で一番エキサイティングだった。

the most が登場するので最上級が含まれた文です。

● 述語動詞は？
was は動詞 be の過去形です。通常補語を取ります。

● 主語は？
主語は That で、話している映画を指す指示代名詞です。

● 補語は？
かたまりで見ると the most exciting movie です。
movie という名詞に、the most exciting は形容詞 exciting の最上級形で
「最も興奮させる」という意味を加えています。

● その他の要素は？
I have ever watched ですね。実はこの前に関係代名詞の that が省略され
ています。関係代名詞が作り出す従属節は、直前にある名詞を修飾する形
容詞の働きをするんでしたね。
movie that I have ever watched という形なので「私がこれまでに見たこと
がある映画で」という意味が加わります。

問題

93

比較級の場合

The weather today is as nice as yesterday.

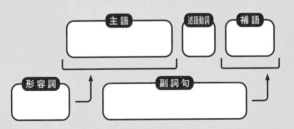

文を5つの要素に分解して、
それぞれがどのように作用しているかを考えよう。

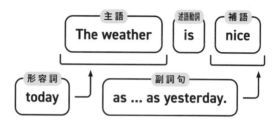

訳 今日も昨日と同じようにいい天気だ。

The weather today is as nice as yesterday. という文は、as … as を使った比較の文ですが至ってシンプルです。

● 述語動詞は？
is は動詞 be の三人称単数現在形です。be 動詞なので通常補語を必要とします。

● 主語は？
主語は The weather today で、今日の天気を指す名詞句です。

● 補語は？
nice です。

● その他の要素は？
nice の前後の as … as yesterday が nice を修飾しています。
快適であることは「昨日と同じくらい」だという意味を加えているのです。

この文では、The weather today（今日の天気）が as nice as yesterday（昨日の天気と同じくらい快適）であると述べています。つまり、今日と昨日の天気が同じくらい良い状態であることを表現しています。

仮定法の場合

I wish I could attend your wedding.

主語 | 述語動詞 | 主語 | 助動詞 | 目的語 動詞 | 目的語

文を3つの要素に分解して、
それぞれがどのように作用しているかを考えよう。

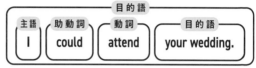

訳 あなたの結婚式に出席したい。

● 述語動詞＋主語は？

wish は動詞です。通常目的語を取るのですが、that 節を取ると仮定法の意味になります。主語は I です。

● 目的語は？

実は that が作る名詞節（that 節）を後ろに取っているのですが that が省略されています。(that) I could attend your wedding の全部が wish の目的語の節となっています。

that が接続詞として働いて節を作る時、「主語が動詞すること」という意味を作るんでしたね。

● 従属節「I could attend your wedding」

この従属節は I wish によって導かれ、主節の願望の内容を詳細に説明しています。

動詞は？

could attend です。could は助動詞で、可能性や能力、許可を表すのに使われますが、ここでは実現できない願望を表す働きをします。主節の述語動詞 wish がそれを誘導しています。attend は「出席する」という意味で、通常目的語を必要とします。

主語は？

従属節の主語も I です。

目的語は？

your wedding は名詞句で、目的語になっています。

問題

95

副詞節の場合

Whoever you are, you are welcome here.

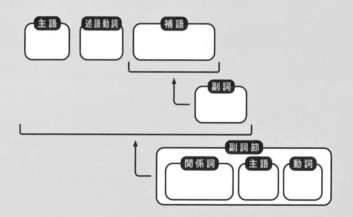

文を5つの要素に分解して、
それぞれがどのように作用しているかを考えよう。

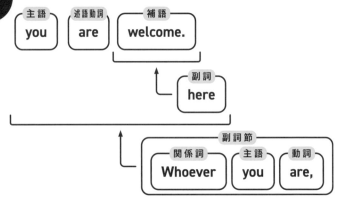

主語	述語動詞	補語
you	are	welcome.

副詞
here

副詞節
関係詞	主語	動詞
Whoever	you	are,

訳 あなたが誰であろうと、歓迎します。

Whoever は従属節を作り出す接続詞の機能を持っている関係詞です。関係詞に ever をつけると、「たとえ～であろうとも」といった意味を作り出します。

● 述語動詞＋主語は？

are は動詞 be の二人称（あなた）の現在形です。通常は補語を取ります。主語は you です。

● 補語は？

welcome「歓迎される」という意味です。副詞の here が加わり、「ここで歓迎される」という意味になっています。

● 従属節「Whoever you are」

関係詞 Whoever で「たとえ誰が～であろうと」というような意味を作ります。

動詞は？

are は動詞 be の二人称現在形です。通常補語を取ります。

主語は？

you です。

補語は？

Whoever です。

問題

96

副詞節の場合

No matter how busy he is, Kotaro makes time for his family.

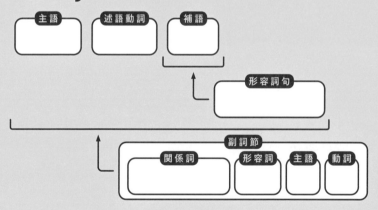

文を5つの要素に分解して、
それぞれがどのように作用しているかを考えよう。

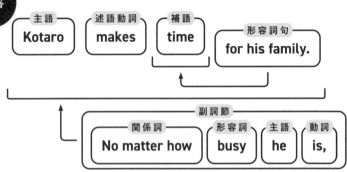

主語	述語動詞	補語	形容詞句
Kotaro	makes	time	for his family.

副詞節

関係詞	形容詞	主語	動詞
No matter how	busy	he	is,

訳 どんなに忙しくても、コウタロウは家族との時間を大切にしている。

文中に，(カンマ) がありますからそこまでの前後の関係を見てみましょう。
どちらも主語＋動詞のかたまり（節）で、and や but などの等位接続詞は
見当たらないので、主節（メインの文）と従属節（補足の文）で文が成り
立っていると考えてみるといいでしょう。

● 述語動詞＋主語は？

makes は動詞 make の三人称単数現在形。主語は Kotaro です。

● 目的語は？

time の 1 つですね。for his family が time を修飾して、彼が作る時間の対
象（彼の家族）を示しています。

● 関係詞節「No matter how」

No matter how は条件を導入する関係詞で、どんな状況であっても変わら
ないことを表します。
動詞＋主語は？
is で、状態を表すのに使われます。従属節の主語は he で、コウタロウを
指す代名詞です。
補語は？
be 動詞の補語は形容詞の busy です。No matter how に引っ張られて how
の後ろに飛び出します。

副詞節の場合

However hard the lesson is, we must learn from our mistakes.

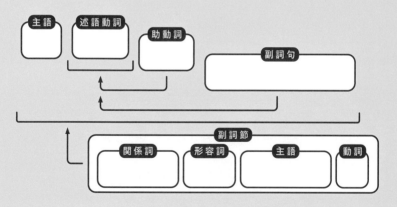

| 主語 | 述語動詞 | 助動詞 | | 副詞句 |

| 副詞節 |
| 関係詞 | 形容詞 | 主語 | 動詞 |

文を5つの要素に分解して、
それぞれがどのように作用しているかを考えよう。

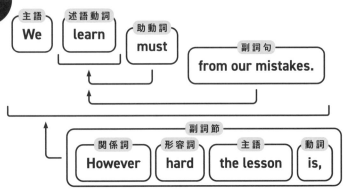

> 訳 どんなに難しい教訓であっても、私たちは失敗から学ばなければならない。

● 述語動詞＋主語は？

learn ですが must は助動詞で、義務や必要性の意味を加えます。learn は目的語を取る時と取らない時があります。主語は we です。

● 目的語は？

ありません。from our mistakes は副詞句で、「私たちの過ちから」という意味です。

● 従属節「However hard the lesson is」

However がここでは接続詞の働きを含みます。「However＋形容詞か副詞＋主語＋動詞」「どれだけ…でも」という意味で使われます。

動詞は？
is は動詞 be の三人称単数現在形です。通常、補語を取ります。

主語は？
the lesson は名詞句で、話題となる「教訓」を指します。

補語は？
hard「困難な」という形容詞ですが、However とくっついて前に出ています。

副詞節の場合

No matter what happens, I will always be there for you.

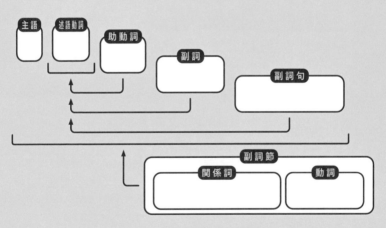

文を6つの要素に分解して、
それぞれがどのように作用しているかを考えよう。

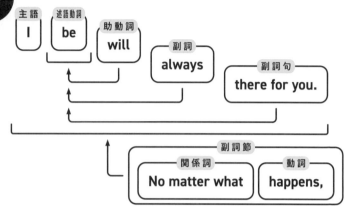

訳 何が起こっても、私はいつもあなたのためにそこにいるでしょう。

^{カンマ}
, があるので、前後がどのように働いているのかをチェックすることが大切。No matter ~ は接続詞として従属節（メインの文に意味を加える）を作ります。

● 述語動詞＋主語は？
be ですね。今回は「存在する」という意味の場合は補語も必要としません。will は未来時制を示す助動詞です。主節の主語は I で、話者自身を指します。

● 副詞は？
always は副詞で、「常に」という意味です。
there for you は場所を示す副詞 there と、目的語の代名詞 you を含む句で、話者が相手のために存在し支援することを意味します。

● 従属節「No matter what happens」
No matter は条件を示す接続詞で、「たとえ～でも」という意味です。
what とくっつくと No matter what ~「たとえ何が～しようとも」という意味になります。what が主語の役割をしています。
動詞は？
happens は動詞 happen の三人称単数現在形で、目的語を取りません。

1 The old man next door gave me a shirt that he bought during his trip to America.

2 The food at this restaurant is tastier than at other restaurants.

3 The novel has been translated into several languages.

4 Her biggest dream is to start a business that will help people in her community.

5 Nothing beats the smell of fresh bread in the morning.

6 Wherever you are, always remember that you are loved.

解答

■ 隣人のおじいさんがアメリカ旅行中に買ったシャツをくれました。

述語動詞は give の過去形 gave で目的語を2つ取ります。me と a shirt がそれに当たります。主語は The old man で、next door が隣に住んでいるという意味合いを加えています。that は関係代名詞で直前にある名詞 a shirt を修飾する働きをします。that 以下は「彼がアメリカ旅行中に買った」という意味ですね。

■ このレストランの料理は他のレストランよりも美味しいです。

述語動詞は is で補語を取ります。主語は The food で at this restaurant がそれを修飾する形容詞の働きをしますね。補語は tasty の比較級である tastier。than より後ろがその比較対象を示すので「他のレストランよりも」ということになります。

■ この小説はいくつかの言語に翻訳されています。

述語動詞は translate ですが受動態になっています。その上 has been translated となっているので、現在完了形が使われています。「過去から現在までに翻訳されている」という時間の幅を示しています。主語は The novel。into several languages が translate を修飾する副詞の働きをしているのです。

■ 彼女の最大の夢は、地域の人々を助けるビジネスを始めることです。

述語動詞は is なので補語を取ります。主語は Her biggest dream です。最上級が使われているので「彼女の最も大きな夢」という意味になります。補語は to 以下で to start a business で「ビジネスを始めること」。that が関係代名詞として直前の business を修飾します。どんなビジネスであるかの情報を加える役割です。それは地域の人々を助けるという内容ですね。

■ 朝の焼きたてのパンの香りに勝るものはありません。

述語動詞は beats で、打ち負かすという意味で目的語を必要とします。主語は Nothing で「何も〜ない」という意味です。目的語は the smell で香り。なんの香りかというのを of fresh bread が加えていて、パンの香りとなります。だから、焼きたてのパンの香りに勝るものはないという意味になります。

■ あなたがどこにいても、あなたが愛されていることをいつも忘れないでください。

述語動詞は remember です。「〜を覚えておく」という意味で目的語を取ります。主語はありません。you が省略されている命令形と捉えればいいでしょう。always remember で「いつも覚えておくように」ということになり、その目的語が that you are loved、that が導いた名詞節で「主語が動詞だということ」となります。つまりここでは「あなたが愛されているということ」という受動態になりますね。そして Wherever you are, が副詞の働きをして状況を加えます。「たとえあなたがどこにいても」という意味を作ります。

7 "The best way to predict the future is to create it." — Peter Drucker

8 "The way to get started is to quit talking and begin doing." — Walt Disney

9 "The only way to do great work is to love what you do." — Steve Jobs

10 "You can't go back and change the beginning, but you can start where you are and change the ending." — C.S. Lewis

11 "Whoever is happy will make others happy too." — Anne Frank

7 「未来を予測する最良の方法は、それを創造することだ。」―ピーター・ドラッカー

述語動詞は is。だから補語を取ります。主語は The best way、「最良の方法は」という意味になります。なんの最良の方法かという情報が to predict the future によって加えられています。The best way to predict the future が未来を予測する最良の方法という意味になるのですね。is の補語は to creat it。不定詞です。「それを作ること」という意味になります。

8 「始める方法は、話すのをやめて行動を始めることだ。」―ウォルト・ディズニー

述語動詞は is で補語を取ります。主語は The way です。to get started が The way を修飾している形容詞の役割を担っています。The way to get started で「始める方法」という意味になります。is の補語は to 以下ですね。and があって2つのことが挙げられています。quit talking と begin doing ですね。quit はやめるという意味です。

9 「素晴らしい仕事をする唯一の方法は、自分がやっていることを愛することだ。」―スティーブ・ジョブズ

述語動詞は is で補語を取ります。主語は The only way。to do great work がそれを修飾しているので The only way to do great work は「素晴らしい仕事をする唯一の方法」となります。is の補語が to love what you do ですね。to love で「愛すること」。love は動詞で目的語を取るので what you do が目的語です。「あなたがしていること」という意味になります。

10 「戻って始まりを変えることはできないが、今いるところから始めて結末を変えることはできる。」― C.S. ルイス

少し長いですが文を眺めると but が出てくるので but の前後に2つの並列した文が置かれていると推測できます。前後の文、それぞれをチェックします。まず前半の述語動詞は2つ。go back と change です。and で2つの述語動詞が並べられています。主語は You。go back の直前には can't があるので can't go back and change the beginning で「戻って始まりを変えることはできない」という意味になります。but の後ろも、述語動詞が2つ。start と change です。and で繋がれています。but 以下は can となっているので、start where you are で「今いるところから始める」という意味、change the ending で「終わりを変える」という意味です。

11 「幸せな人は誰でも他の人も幸せにする。」―アンネ・フランク

述語動詞は make で目的語＋補語を取る可能性があります。主語 Whoever is happy で、whoever は「～な人は誰でも」という意味を作る関係詞の役割をしています。関係詞は接続詞の役割を含みます。つまりここでは「幸せな人は誰でも」という意味。make の目的語と補語が others と happy ですから、「他人を幸せにする」という意味になります。

12 "Deciding what not to do is as important as deciding what to do." — Steve Jobs

13 "If you're not doing some things that are crazy, then you're doing the wrong things." — Larry Page

14 "The thought that you could die tomorrow frees you to appreciate your life now." — Angelina Jolie

解答

12「何をしないかを決めることは、何をするかを決めることと同じくらい重要だ。」―スティーブ・ジョブズ

述語動詞は is で補語を取りますね。主語は Deciding what not to do となっていて、decide「決める」の動名詞である Deciding は「決めること」という意味になります。何を決めるかというと、what not to do ですね。「何をやらないか」という意味で「what to do」何をやるか、の逆です。is の補語が important ですね。Deciding what not to do is important というのが文のベースです。important の前後に as … as がくっついて比較表現を作り出しています。as important as deciding what to do で「何をやるかを決めることと同じくらい」という意味になります。

13「何か狂ったことをしていないなら、間違ったことをしている。」―ラリー・ペイジ

If からカンマまでは条件を加える副詞節なので、その後ろが主節、メインの文です。述語動詞は do の現在進行形の are doing。その目的語が the wrong things で間違ったこと。you're doing the wrong things で「あなたは間違ったことをしている」という意味になります。じゃあ If からカンマまではどんな条件なのか。動詞は are not doing となっており「～をしていない」という意味になります。主語は you。動詞の目的語は some things で「何かのこと」という曖昧なものだから後ろの that are crazy が説明を加えています。「狂ったことをしていないのなら」という条件を付け加えているんですね。

14「明日死ぬかもしれないという考えは、今の人生に感謝する自由を与えてくれる。」―アンジェリーナ・ジョリー

述語動詞は frees です。free は「自由の」という意味の形容詞をよく見かけますが、「自由にする、自由を与える」という意味を持つ動詞としても使われます。誰を自由にするのかを明確にする目的語を後ろに取ります。
主語は The thought で、think の名詞である「考え」という意味ですね。その直後の that から tomorrow までがどんな考えなのかを説明してくれています。The thought that you could die tomorrow「あなたが明日死ぬかもしれないという考え」となります。
目的語は you ですね。to 以下はどんな風に自由にするのかを説明します。to＋動詞の不定詞ですね。appreciate が「～に感謝する」という意味でその後ろに何に感謝するのかがきます。to appreciate your life now で「今の人生に感謝する」ということになります。

15 Electric cars are attractive to people who are concerned about climate change and want to lower their carbon footprint.

16 Cafés often add an additional fee for cappuccinos made with non-dairy milk, and in American grocery stores, the average price for a gallon of plant-based milk is $7, while cow's milk is priced at $4 per gallon.

17 The scientists say that paper straws might not always be a more eco-friendly option compared to plastic ones.

解答

15 電気自動車は、気候変動を心配し、カーボンフットプリントを減らしたい人々にとって魅力的です。

少し長いですが落ち着いてやれば大丈夫。述語動詞は are で補語を取ります。主語は Electric car。補語は attractive で魅力的だという意味です。Electric cars are attractive だけでも文は完結しています。to 以下は誰にとってなのかを付け加えていますね。to people「人々にとって」となりますが、who 以下がどんな人々なのかの説明を加えます。be concerned about で「〜を心配している」という意味。people who are concerned about climate change で「気候変動を心配している人々」となります。and の後ろは people who want to lower their carbon footprint となり、lower が「減らす」という意味の動詞でその目的語が carbon footprint。「carbon footprint を減らしたい人々」という意味になります。

16 カフェでは、植物性ミルクを使ったカプチーノに追加料金がかかることがよくあり、アメリカの食料品店では、植物性ミルクのガロンあたりの平均価格が7ドルで、牛乳はガロンあたり4ドルです。

長いですが and の前後で文を切って考えてみましょう。and は並列の関係を作る接続詞なので、and の前後の文はどちらも等しく大切。まずは and の前。述語動詞は add で主語は Cafés。「Cafés は加算する」となって、加算するの目的語は an additional fee で追加料金です。何に対して追加料金を加算するのかといえば cappuccinos です。どんな cappuccinos かというのが make の分詞 made 以降ですね。plant-based milk で作られた cappuccinos となります。

and の後ろですが while という接続詞が途中にあって、また前後が繋がれています。述語動詞は is で補語を取り、主語は the average price。なんの平均価格かといえば for a gallon of plant-based milk で植物性ミルクのガロンあたりの平均価格となります。while の後ろは動詞が is priced という受動態。price が値を付けるという意味なので「牛乳が値を付けられる」となって「ガロンあたり4ドルで」となっています。

17 科学者たちは、紙のストローがプラスチックのものと比較して常により環境に優しい選択肢であるとは限らないかもしれないと言います。

述語動詞は say で目的語を取ります。主語は The scientists。say の目的語が that 以下で、その後ろに節を取って具体的な内容を説明します。that 以下の動詞は might not always be のところで「いつも〜であるとは限らないかもしれない」という意味になり、be 動詞の補語が必要です。主語は paper straws ですね。補語は a more eco-friendly option で、「より環境に良い選択」という意味になります。compared to が「〜と比べて」という意味なので、compared to plastic ones は「プラスチックのものに比べて」という意味になります。

224

18 The meal was prepared for a group of botanists from different countries who were visiting the village to understand the special tree in terms of history, culture, and economy.

19 Not long after the family moved into their new home, they started to feel a strong sense of belonging and happiness in their cozy neighborhood.

20 By following these guidelines, you'll have everything you need to make your trip as enjoyable as possible.

21 The lunchroom, accommodating a maximum of 30 students, offers a comfortable area for having lunch.

22 The discussion of the impact of the change of leadership in the company was a central topic at the board meeting.

18 その食事は、歴史、文化、経済の面で特別な木を理解するために村を訪れていたさまざまな国の植物学者のグループのために用意されました。

述語動詞は prepare ですが受動態になっていますね。主語は The meal なので The meal was prepared で「食事は用意された」という意味で文としては完結します。for 以下は誰に対してなのかで、for a group of botanists で「植物学者のグループのために」、from different countries で「さまざまな国からの」。who 以下がさらに彼らについての説明を加えており、まず who were visiting the village で「村を訪れていた」、to understand the special tree が目的を表す不定詞となり「特別な木を理解するために」。in terms of は「〜の観点で」という意味になります。

19 家族が新しい家に引っ越してから間もなく、彼らは居心地の良い近所で強い所属感と幸福感を感じ始めました。

after が接続詞でカンマまでが副詞節となります。主節はカンマの後ろ。述語動詞は start、主語は they。「彼らは始めた」。何を？ to feel a strong sense of belonging and happiness ですから、強い感覚を感じ始めたのですが、belonging は所属意識で、happiness は幸福。どこでかといえば in their cozy neighborhood「居心地の良い近所で」。
Not long after the family moved into their new home は「主語が動詞して間もなく」という意味を作ります。

20 これらのガイドラインに従えば、旅行をできるだけ楽しむために必要な全てが揃います。

述語動詞は have で主語は you。have の目的語は everything。everything と言ってもどんな全てかを説明したほうがいいので、それが you need to make your trip as enjoyable as possible です。everything you need で「あなたが必要としている全て」。to 以下は目的です。to make で make は目的語＋補語を取っています。make your trip enjoyable です。旅を楽しいものにするという意味になります。as ... as possible で「できる限り」という意味を加えます。

21 最大30人の生徒を収容できるランチルームは、昼食を取るための快適なエリアを提供しています。

述語動詞は offers で「〜を提供する」という意味になるので目的語を取ります。主語は The lunchroom なのですが、accommodating a maximum of 30 students が分詞で形容詞の働きをしています。accommodate「収容する」という動詞を ing 形化して、直前の名詞を修飾する分詞として働きます。

22 会社の首脳陣の変更の影響に関する議論は、取締役会での中心的な話題でした。

述語動詞は was で be 動詞の過去形ですから、補語を取ります。主語は長いようですが端的に言うと The discussion です。The discussion of the impact で「影響に関する議論」と意味を加え、the impact of the change で「変更の影響」となります。the change of leadership で「首脳陣の変更」となります。A of B の形が連続していますが、of B が A に意味を加えているのです。was の補語が a central topic で「中心的な話題」という意味になります。

おわりに

いかがでしたか？
最初は結構簡単だなと思ったことでしょう。
徐々になるほどという気づきが増えていったのではないでしょうか。

もちろんシンプルなものをきちんと理解することが基礎力であって、基礎がしっかりとしていないと複雑なもので一気に混乱してしまいます。

逆に基礎をしっかりとしておけば幅広いパターンに対応できるようになります。

本書は英文を構成するそれぞれの要素がどういう役割を持っているのかを整理することに徹底的に取り組みました。なるべく難易度を低くしながらも英文の成り立ちを見抜く力を習得してもらおうと心がけました。

色んな文法用語が途中から飛び出してきたとは思いますが、それらも全て役割があってそれを理解すれば何も怖くありません。文法用語を理解することよりも、それが文の中でどんな役割を持っていて、どんな風に活用できるのかを学ぶことが英語の総合的な力を身につけることに繋がりますからね。

本書はなるべく出てくる単語のレベルを落として、英文の構成要素を理解していただくことに注力したので、英字新聞や英語試験に出てくる英文はもっと難しいものだと感じるかもしれません。

日本語ネイティブのみなさんでも、日本語で書かれた難解な専門書を読むと理解が進まないことがあると思います。いくら日本語が堪能でもそこに出てくる単語がわからなかったら、その文を理解することは難しいものです。

　だから本書で身につけた英文の本質的な捉え方に加えて英単語の学習に取り組みましょう。理解できるものがどんどん増えていくはずです。

　これを機にたまには日本語で書かれた文でも、それぞれの言葉がどういう役割を持っているのかに意識を向けてみましょう。日本語も英語も伝えたいことを伝えるためのツールです。組み立て方のルールが違うだけなのです。

　ぜひこれからも楽しみながら学びましょう。言葉は世界を広げてくれます。

STAFF

デザイナー	二ノ宮匡
校閲	鷗来堂
組版	キャップス
編集	立原亜矢子

塚本亮 (つかもと・りょう)

1984年、京都生まれ。高校時代は、偏差値30台で退学寸前の問題児。そこから一念発起し、同志社大学経済学部入学。卒業後、ケンブリッジ大学で心理学を学び、修士課程修了。帰国後、ビジネスパーソンやアスリートのべ6000人に対して、世界に通用する人材の育成・指導を行う。心理学に基づいた指導法が注目され、国内外の教育機関などから指導依頼が殺到。映画『マイケル・ジャクソン THIS IS IT』のディレクター兼振付師であるトラヴィス・ペイン氏をはじめ、世界の一流エンターテイナーの通訳者を務める他、インバウンドビジネスのアドバイザリとしても活躍。2020年にはJリーグを目指すサッカークラブ「マッチャモーレ京都山城」を設立。主な著書に、『「すぐやる人」と「やれない人」の習慣』(明日香出版社)、『ネイティブなら12歳までに覚える 80パターンで英語が止まらない!』(高橋書店)、『頭が冴える! 毎日が充実する! スゴい早起き』(すばる舎) などがある。

テンプレ英語
ネイティブが使う英文パターン98

第 1 刷　2024年 4 月30日

著　者　　塚本亮
発行者　　小宮英行
発行所　　株式会社 徳間書店
　　　　　〒141-8202 東京都品川区上大崎3 - 1 - 1
　　　　　目黒セントラルスクエア
　　　　　電話　編集（03）5403-4344
　　　　　　　　販売（049）293-5521
　　　　　振替　00140-0-44392
印刷・製本　　株式会社広済堂ネクスト